미아로 산다는 것

미아로＿산다는 것

워킹푸어의 시대, 우리가 짓고 싶은 세계

박노자

한겨레출판

차례

4장 과거의 유령들

5장 전쟁이자 어머니인 세계

미아의 단상

저는 가끔 제 삶을 돌이켜볼 때면 이 삶을 정리할 수 있는 유일한 단어는 '미아'가 아닌가, 라는 생각이 들곤 합니다. 미아(迷兒)란 길을 잃어 '집'에 돌아갈 수 없는 아이라는 뜻입니다. 저는 물론 주거 공간이라는 직접적인 의미의 집은 갖고 있죠. 그런데 집이란 그것보다 훨씬 더 넓은 의미를 갖는 단어입니다. 인간이 군중 동물인 만큼 그가 속해온 군중의 '문화' 역시 인간에게 집이 됩니다. 저는, 제가 한때 태생적으로 흡수한 문화를 저의 물리적인 자녀에게도, 저의 제도적 자녀, 즉 학생들에게도 전해줄 수 없습니다. 물리적 자녀들은 언어적 기반부터 다르고, 제가 20년 동안 가르친 노르웨이 학생들 중에는 《공산당 선언》처럼 제가 중학교 때 감동적으로 읽었던 제 문화의 기본 텍스트를 읽은 사람이 한 명도 없기 때문입니다.

과거의 한국과 같은 '레드 콤플렉스'의 문제는 아닙니다. 마르크스가 생각했던 의미의 '무산자', 즉 모든 것을 빼앗긴 사람들을—단기 외국인 노동자 등 '비국민' 이외에는—노르웨이에서는 더 이상 발견하기가 어렵습니다. 노르웨이인 대다수는 무산자가 흔하디 흔한 '나머지 세계'에 대해서 '자선 행위' 차원 이외에는 별다른 관심을 갖지 않습니다. 물론 그렇지 않은 소수가 있어서 저 같은 사람이 노르웨이에서 심리적인 생존이 가능하지만, 소수는 어디까지나 소수입니다. 그리고 SNS 문화의 자장에 빨려 들어간 최근 세대의 다수는 길고 추상적인 텍스트 자체를 많이 어려워하는 것 같습니다. 제 물리적 존재가 종료됨과 동시에 제 머리에 박혀 있는 그 문화도 종적을 감출 것이라고 생각하면 '미아'라는 단어밖에 떠오르지 않습니다.

그런데 생각해보면 '미아'로 산다는 게 저만의 문제는 아닙니다. 또 특정 지역의 문화, 언어, 내지 세대 간 격차의 문제에 국한되는 것도 아닙니다. 지그문트 바우만(Zygmunt Bauman, 1925~2017)은 후기 자본주의의 핵심적인 특징을 '액체 근대'라는 말로 요약했습니다. 오늘날 신자유주의 시대의 풍경은, 대중의 새로운 가난과 개개인의 고독으로 채색되어 있습니다. '액체 근대'란 모든 것이 흐르는 물처럼 너무나 빨리 바뀌어 어떤 장기적 '관계 맺기'가 불가능한 상황을 일컫습니다. 이 상황을 살아가야 하는 한국의 젊은 워킹푸어 계층은, 사실 마르크스가 말한 무산자에 많은 면에서 굉장히 근접해 있습니다. 19세기 중반 영국에서 마르크스가 목격한 방직업 노동자들처럼 월급 날을 앞두고 거의 굶어야 하는 정도는 아니지만, 삶에서 안정되고 보장된 것이 전무하다는 점에서 무산자라고 지칭해도 될 정도입니다.

많은 20대 한국인들이 언제 그만두게 될지 모를 중소기업에 다니고, 고시원, 원룸, 작은 아파트에 살면서, 장시간 노동으로 '연애' 같은 장기적 관계를 유지할 에너지마저 갖지 못합니다. 그들은 뿌리 뽑힌 채 그 어떤 보장도 없이 '액체 근대'의 노도를 혼자 몸으로 헤엄쳐 보이지 않는 육지를 찾아야 합니다. 이들의 삶은 신자유주의 시대 '인간의 조건'을 고스란히 표현합니다. 한 사람도 아니고 한 계층이 집단적으로 '근대 후기의 미아'가 된 것입니다. 2018년 통계청의 발표에 의하면 이성 (혹은 동성) 교제, 즉 '연애'를 하고 있는 대한민국 20대 남성의 비율은 20퍼센트입니다. 이 고독의 깊이를, 이런저런 연애를 10대 후반부터 해온 저로서는 헤아리기조차 어렵습니다.

위장 취업 해서 《공산당 선언》을 동료 노동자들에게 설명하며 '의식화'를 시도했던 35년 전의 '학출'들이 생각납니다. 35년은 물리적으로 긴 시간도 아닌데, 격세지감이 아주 심하게 듭니다. 그 당시에 절대적으로 중요한 문제가 '착취'였다면, 오늘날은 '착취'와 함께 '소외'가 새로운 모습의 무산자들이 겪는 사회적 고통의 핵심일 것입니다. 옛날과 달리 노동자'들'이 함께 공장주에 맞서기보다 각자가 불안과 가난, 고독의 무게를 알아서 혼자 감당하게 되어 있습니다. 그것도 각자도생식으로 서로 경쟁하면서 말입니다. 대면 의식화보다 각종 전자 네트워크를 통한 비대면 연결을 더 선호하는 요즘의 좌파는, '조직 사업'과 더불어 사회 구성원의 기본적 연대를 가로막고 있는 각자도생 시대의 각종 신화를 해체하는 데에 상당한 에너지를 써야 합니다.

그런 신화 중 하나로 페미니스트에 대한 '남초 커뮤니티'의 시각도 있습니다. 그들은 페미니스트를 '여성 우월주의자', 즉 여성을 새로운 특권 계층으로 만들려는 사람들로 규정합니다. 똑같이 워킹푸어로 고생하는 상황인데도, 각자도생의 시대인 만큼 일각의 남성들은—실질적으로 여전히 그들에 비해 매우 불리한 입장에 있는—여성들을 동료가 아닌 한정된 자원을 놓고 경쟁하는 '경쟁자'로 의식하는 것입니다.

같은 한국인인 젊은 여성들을 '경쟁자'로 본다면, 여권 색깔이 다른 외국인 노동자를 과연 어떻게 볼까요? '액체 근대'는 이슬라모포비아(이슬람 혐오증)가 중요한 정치적 코드로 부상되는 상황을 조성하기도 합니다. 물론 한국 같으면 약 18만 명밖에 안되는 이슬람 신도보다는 80만 명 가까이 되는 국내 체류 조선족 동포들이 훨씬 더 강한 혐오와 배제에 노출되어 있습니다. 치명적 위기에 봉착한 자본주의 사회의 미아 같은 구성원들은 연대와 협조가 아닌, 다수가 공유 가능한 '타자 혐오'를 통해서 고립을 벗어나려고 발버둥칠 수도 있는 것입니다. 연대력을 잃은 사회는 얼마든지 '혐오'를 구심점 삼아 뭉칠 수 있습니다.

　다수를 미아 아닌 미아로 만드는 '액체 근대'는 불균형의 시대입니다. 경제적인 차원에서도 마찬가지입니다. 상상을 초월하는 고도의 생산 체계가 기후 위기를 심화시킵니다. 이 체계가 유한한 자원을 소모하면서 만들어내는 상품 전부를 더 가난해지는 대중이 모두 소비할 수 없습니다. 과잉 생산과 과소 소비는 생산 이윤율의 저하, 자본 투기의 집중, 각종 버블과 경제 위기로 이어집니다. 자본이 돈 없는 소비자의 시간마저 빼앗으려 하여, 수면 시간 이외의 거의 모든 시간을 식민화합니다. 평균적인 미국 10대의 일일 인터넷 접속 시간은 약 열한 시간이나 되어 가히 '온라인 인생'이라 할 수 있습니다.

　우리가 자는 시간 이외에 하는 모든 행위—페이스북이라는 주식회사가 제공하는 네트워크를 확인하는 것부터 삼성이나 화웨이가 생산한 휴대전화를 조작하고, 애플사가 생산한 아이패드에서 넷플릭스가 제공하는 콘텐츠를 보는 일까지—는 대부분 자본의 이윤에 연결되어 있습니다. 이 과정에서 '사색'이라는 존재 방식도 증발되었지만, '사생활'이라는 근대의 또 하나의 해방적 측면도 말살되고 말았습니다. 신용카드 사용 내역이나 휴대전화 위치 추적 등으로 각자의 현재 위치부터 한 시간 한 시간의 모든 행위까지 확인하고, 심지어 실시간으로 감시도 할 수 있는 세계에서 '사생활'은 더 이상 논의할 의미조차 없습니다. 우리 '액체 근대'의 미아들은 전부 다 투명 인간입니다. 스노든의 말대로 미국의 첩보 기관원들이 매일 개인 전자우편을 뒤져보는 독일의 메르켈 총리 같은 최고로 유력한 개인까지 포함해서 말입니다.

자본과, 자본을 위한 국가가 수면 시간 이외에 우리의 모든 시간을 차지하고 우리의 모든 것을 아는 이 디스토피아 같은 세계에서 '혁명'이란 결국 나와 우리의 회복에서 시작되어야 할 것 같습니다. 각자가 스스로에게 '나의 생각이 무엇이냐'라고 물어보는 것은, 아마도 현재로서는 가장 혁명적인 질문일 것입니다. 500여 년 전 동양철학사상 가장 급진적이며 개성적인 사상가라고 할 이지(李贄, 이탁오, 1527~1602)는 동심(童心), 즉 주류의 의식이 '나'에게 주입되기 전의 본래 진심을 회복해야 한다고 호소했습니다. 오늘날 이 외침은 더 절실하게 들립니다.

미국의 무인폭격기가 누군가를 살해하는 장면을 뉴스에서 보면서, 재판도 없이 제국에 살해당하는 그 누군가에 대해 '같은 인간'으로서 동질감을 느끼는 '동심'의 발로(發露)는 가장 혁명적인 정서일 것입니다. 그리고 다른 사람을 보고 '우리 중에 누가 학벌이 더 좋고 실력이 더 있느냐' 같은 비교 의식이 아닌, '우리가 같이 무엇을 할 수 있으며 내가 그를 어떻게 도울 수 있는가'라는 생각으로 접근하는 것은 가장 혁명적인 대인(對人) 태도일 것입니다. 우리는 우리가 귀가할 수 있는 '집'을 공감과 연대, 협력을 통해서, 이 체제와 각을 세우고 거리를 두고 대립을 하는 과정에서 지어야 합니다. 우리는 과거의 확실성으로 돌아갈 수 없으며, 결국 '액체 근대' 속에서 망가지고 실종되는 지구의 미래를 우리 손으로 같이 구출해야 합니다.

저는 이 시대에 과거와 같은 외부로부터의 '계몽'은 무의미하다고 봅니다. 지식을 제공하면서 '나은 미래'의 청사진을 제시한다고 해서 소외된 채 착취에 노출된 외로운 개인에게 변화가 절로 찾아오지는 않습니다. 변화는 안으로부터, 각자의 동심으로부터 옵니다. 자신의 동심으로 돌아온 사람이야말로 경쟁이 아닌 연대의 길을 택할 수 있습니다. 그 어떤 책도 각자에게 그 동심을 대신 찾아줄 수 없지만, 달을 가리키는 손가락 역할 정도는 할 수 있을 것입니다. 이 책이 독자에게 이와 같은 역할을 할 수 있다면 저자로서 더 이상의 기쁨은 없을 것입니다.

1장 __ 편안함의 대가

최악의 독약, 권력

현재 한국 불교계에 흐르는 전반적인 탁류 속에서 제가 예전부터 아주 존경했던 스님 한 분이 계셨습니다. 한국전쟁 당시 인간 살육의 잔인함을 보고 출가의 뜻을 굳힌 분으로서 효봉 스님(1888~1966)의 고제(高弟)였습니다. 이분은 일제강점기부터 정진했고 사회의식도 매우 강력했던 효봉 스님의 고제답게, 암울했던 독재 시대에 성철 선사와 같은 귀족적이고 권위적인 이미지를 좇지 않았습니다. 대신 불교 명서의 국역과 각종의 수필 집필로 일반인들에게 친근하게 다가가서 상구보리하화중생(上求菩提下化衆生: 위로는 깨달음을 구하고, 아래로는 중생을 교화하는 보살의 수행)의 업을 훌륭하게 해내셨죠. 이분은 진보적 불교인의 전형이자 한국 불교계에서는 보기 드문 보배 중의 보배였습니다. 민주화 이후에는 이분을 중심으로 불교 운동도 일어나고 한 단월(檀越)이 그에게 도심에 작은 사찰을 마련해주기도 했습니다. 그리고 나서는 이분의 평소 자세가 상당히 바뀌었다고 합니다. 중벼슬은 닭벼슬이라는 게 산중의 상식이지만, '주지' 입장이 된 스님의 어깨와 얼굴 표정부터 바로 달라지는 거죠. 아무리 평생 불교의 민중화에 공을 들여오신 분이라고 해도 말이죠.

저는 양심수 출신의 유명 지식인을 만난 적도 있습니다. 오랫동안, 아주아주 오랫동안 죄 없이 '간첩' 누명을 쓰고 군사 정권의 감옥에서 지내셨던 그를 위해 '국제 사면 기구'도 오랫동안, 아주아주 오랫동안 석방 촉구 캠페인을 벌였습니다. 그분은 한국의 짓밟힌 인권을 상징했습니다. 그런데 어느덧 옥고도 끝나고 과거의 양심수는 지식계의 권위자가 됐습니다. 그런데 그는 심각할 정도로 권위주의적이어서 거의 일을 함께하지 못할 정도였습니다. 그와 비슷한 나이의 지식계 '실력자' 중에 권위주의적이지 않은 사람은 매우 드물지만, 그의 경우에는 거의 상습화된 갑질에 가까웠습니다. 지금의 모습을 보면 그가 인권 투쟁과 저항의 상징이었다는 것이 믿기지 않을 지경이죠.

불교에서는 인간을 썩게 하는 3대 요인을 '탐진치(貪瞋痴) 삼독(三毒)'이라고 합니다. 탐욕과 분노 그리고 어리석음이 인간의 번뇌를 키우고 해탈의 순간을 늦춘다는 거죠. 그런데 권력만큼 삼독을 키우는 외부 요인도 없을 것입니다. 권력은 타자와 관련된 결정을 내리고 이를 타자에게 합법적으로 강제할 수 있는 힘입니다. 그래서일까요? '권력'은 '에고(ego, 自我)'를 상식과 이성이 통제하지 못할 정도로 확대시키다가 결국 이성의 궤도를 벗어나게 합니다. 그만큼 타자에게 군림하는 것이 인간에게는 자연스럽지 못하다는 거죠. 300~400만 년에 이르는 인간의 역사 중에 계급사회와 국가의 역사는 고작 5,000년 정도에 불과합니다. 다시 말해 우리의 뇌는 누가 누구 위에 군림하지 않았던, 비교적 평등했던 원시공동체에서 형성된 것입니다. 그래서 우리 뇌는 권력이라는 독약에 대단히 취약합니다. 우리 몸이, 예컨대 방사능에 약하듯 말입니다.

권력에의 노출은 어쩌면 심리적 차원에서는 방사능에 노출되는 것보다 더 해로울 수도 있다는 거죠. 권력에 노출되고 나서 이상(異常) 심리를 보이지 않은 사람을, 저는 거의 본 적이 없습니다. 독약 중에도 최악의 독약이죠. 그리고 '슈퍼에고(superego, 超自我)', 즉 신념, 내면화된 윤리, 도덕 등은 권력 행사에의 심취(深醉)를 전혀 예방해주지 못합니다. 아주 드문 예외들이 있을 수는 있지만 일단 원님이 되고 판서가 되고 대감이 되어 궁궐에 드나들게 되면 아무리 군자라도 소인배가 되고 말지요.

제가 이런 생각을 하게 된 계기가 있습니다. 마르크스주의를 내세우는 어느 조직의 리더가 성추행을 저질렀다는 이야기를 들은 것이죠. 아무리 널리 알려지지 않은 단체라 해도 내부자들에게 리더란 엄청난 권위를 지닌 사실상의 권력자죠. 그가 아무리 '진보적 여성관'을 수십 년간 토론하고 남녀평등에 대한 이론들을 달달 외우는 등 '슈퍼에고'를 총동원한다고 해도 권력의 늪에 빠져든 이상 이성(理性)의 궤도를 벗어날 기능성이 대단히 크다고 봐야 합니다. 카리스마적 '지도자'라는 것 자체가 제정신으로 살 수 있는 위치가 아니기 때문이죠.

해법은? 하나밖에 없습니다. 바로 권력을 최소화하는 것입니다. 인간이 감당할 수 있는 수준으로 말입니다. 되도록 권력을 분산시키고 견제해야 합니다. 조직은 항상적인 감시와 견제 속에서 그저 심부름꾼으로서 일을 '맡아보는' 사람에 의해 굴러가야 하는 것이죠. 체제 내의 권력이든 반체제적 권력이든 권력 그 자체가 악입니다. 어떨 때엔 필요악일지 몰라도 어쨌든 악은 악이죠. 권력이라는 독에 사람을 되도록 노출시키지 말아야 인권 수호가 가능해지고 각종 불미스러운 사건들이 확 줄어듭니다. 특히 혁명을 지향하는 조직체라면 더욱더 탈(脫)권력화되어야죠. 혁명의 궁극적인 목표는 바로 무권력적, 무계급적 사회를 만들어내는 일이니까요.

떠나온 나라들이 남긴 환상통

의학 용어로 '환상 통증(phantom pain)'이라는 것이 있습니다. 예컨대 다리가 절단되어 의족을 달고 사는데, 갑자기 찾아오는 '다리가 아픈' 느낌. 이게 바로 환상 통증, 헛통증입니다. 다리는 이미 없어도 다리가 있었던 시절의 '기억'은 죽을 때까지 살아 있는 것이죠. 저도 의학적인 '환상 통증'과 약간 비슷한 것을 느끼곤 합니다. 가끔 저도 모르게 '내가 지금 러시아에서 살았다면 과연 어땠을까'라는 질문을 저 자신에게 던지곤 하는 거죠. 사실 현실성이 거의 없는 질문입니다. 제가 러시아 여권을 반납한 지 어언 19년이나 됐고, 대한민국 여권으로 러시아를 여행할 때에는 딱 90일 '체류'가 가능할 뿐입니다. 돈을 받고 특강을 한 번 하는 경우에도 미리 비자를 받지 않으면 불법이 되지요. '살고자' 한다면 복잡한 수속을 밟아 장기 체류 비자를 신청해야 하고, 기껏 장기 체류 비자를 받는다 해도 '외국인'으로 사는 것은 본국인으

20

로서 사는 것과는 좀 다릅니다.

어차피 자본주의 일색인 세상에서 러시아라고 해도 우리보다 좀 가난하고 표현의 자유가 제한되어 있을 뿐, 결국 사람 사는 곳은 똑같지 않냐고 물어볼 분도 있을 것입니다. 근본적으로 틀린 말은 아닙니다. 같은 자본주의 세계일 뿐만 아니라 페이스북도 함께할 수 있는 곳이니까요. 단, '정치적으로 곤란한'(?) 포스트에 '좋아요'를 누르기 전에 열 번쯤 생각해봐야 하는 곳이기는 합니다. 하지만 그런 표피적인 차원이 아니라 사회 구조의 차원에서 따져본다면 국민의 소득이 낮고 정치 형태가 다르다는 점 외에 저처럼 학교에 소속된 글쟁이들의 '자리매김'도 조금 다릅니다. 노르웨이 같은 북유럽 국가에서 '학교'는 (아직까지?) 축적 체제로부터의 압력을 상대적으로 덜 받거나 거의 받지 않는 일종의 '안식처'입니다. 먹고살 만한 임금을 주니까 굳이 부업을 하지 않아도 되고, 외부에서 재정 지원을 유치하지 않아도 (또는 못 해도) 옷을 벗을 일은 없습니다. 모든 종합 대학들이 공립이다 보니 문을 닫을 일도 없고…… 그리고 먹물들의 목소리에 그다지 사회적 울림이 없는 현실 속에서 〈계급투쟁(Klassekampen)〉지 같은 좌파 신문이 체제나 정권을 비판해도 누구의 눈치를 볼 일은 없습니다. 사실 '요즘같이 미쳐가는 세상에서 이 정도로 편안한 곳이 아직도 있나?'라고 자문할 정도입니다.

그렇다면 러시아는 어떨까요? 지식 분자들이 노르웨이뿐만 아니라 한국 이상으로 축적 체제의 압력을 받는 곳입니다. 일단 저임금이다 보니 부업은 불가피할지 모릅니다. 어쩌면 한국 관광객들에게 관광 안내를 해주는, 그런 부업일지도 모르죠. 그런 부업을 한다면 시시각각 러시아를 방문한 '사장님'에게 훈계나 면박을 주고 싶은 마음을 열심히 참으면서 친절하게 응대할 줄 알아야 합니다. 눈칫밥을 먹으며 알아서 끼고 빠져야 하는 것이죠. 외부 지원이 없으면 임금만으로는 꽤나 궁핍하게 살아야 하기 때문에 강의 시간에 조심해야 합니다. 북한에 지나치게 동조적이라는 등 강의 시의 '부적절한 발언'이 한국의 해당 기관에 잘못 알려지기라도 하면, 박근혜 같은 대통령이 취임하는 즉시 '블랙리스트'에 올라가 지원 명단에서 얼마든지 빠질 수도 있으니까요. 관광객에게 웃어주고, 관광 업체 사장님에게 웃어주고, 지원 기관 관계자들에게 웃어주고…….

게다가 이제 러시아 대학의 교원들은 대다수가 공무원이 아닌 법률상의 '계약직'입니다. 정년 보장을 받는 경우는 드물고 대개 정교수에 한해 가능합니다. 흔치는 않지만, 조교수나 부교수는 '계약 기간 만료'로 해고될 수도 있죠. 윗사람에게 밉보이면요. 그에 따른 '정치적 부담'에 대해서는 여기에서 굳이 논의할 필요조차 없을 겁니다. 워낙 자명한 일이니까요. 모스크바의 명문 학교인 고등경제대학은 최근 교원들에게 분석적 맥락 이외의 '정치적 발언'을 일체 금지(?)하기도 했습니다. 안 그래도 아무도 끽 소리를 하지 못하는 판인데 말이죠……

　이쪽 눈치도 보고 저쪽 눈치도 봐야 합니다. 시간 강사 시절에는 궁핍함을 견뎌내야 하고요. 보수적인 '원로'들을 의식해서 정치적 발언의 수위도 알아서 조절해야 합니다. '국가'보다 권위주의적 '사회'가 더욱 두려운 것이지만, 한국 학계에서도 이는 충분히 겪을 수 있는 삶의 방식입니다. 둘의 차이는? 아주 쉽게 이야기하면 '권력 사회'와 '재력 사회'의 차이입니다.

　국가-관료 자본주의 사회인 러시아에서는 주로 국가 안보 기관 출신의 카르텔이 쥐고 있는 '권력'이 '부'보다 훨씬 위에 군림합니다. 자본은 국가의 '지휘 감독'을 받으며, 언제든지 부를 빼앗길 수도 있습니다. 창업을 하거나 대기업에 취직하기보다는 국가 안보 기관에 들어가는 것이 훨씬 '출세'한 것으로 통하고요.

　반면 한국 공무원의 꿈은 퇴직 이후 본인이 직무상 관계를 맺었던 업체에 다시 취업하는 것입니다. 삼성 '회장님'이 아무리 재판 중이라 해도 대통령은 자꾸 그를 찾아가죠. 비공식적인 서열을 따지자면, 한국 같은 신자유주의적 '재력 사회'에서 5년짜리 대통령은 삼성의 3대 주인과는 비교도 되지 않는 훨씬 낮은 위치에 있는 것입니다. 사실 강남 중산층에 속하지 않는 연구자가 한국 학계에 진입하면서 가장 아프게 느꼈던 것은 학계를 거의 장악한 '강남족'들의 안하무인 헤게모니의 오만함입니다. 반면 러시아에서는 무엇보다 '너무나도 잘 보이는'(?) 국가의 손이 아프게 다가올 수 있죠. 정치적 '문제'(?)를 일으키면 문자 그대로, 축자적(逐字的)으로 아주아주 아프게요.

한마디로, 제가 한국에서 살았다면 축적 체제의 무게를 매일같이 느끼며 마음이 늘 많이 아팠을 것 같고, 러시아에서 살았다면 더더욱, 아마도 거의 일상적으로 자기혐오와 공포, 그리고 절망을 경험했을 것입니다. 그런 삶을 살아가는 인간은 어떻게 될까요? 뭔가가 꺾여서 정신적으로 파괴될 수도 있고, 그냥 압박, 예속, 불확실성 등에 익숙해져서 '단련'될 수도 있습니다. 또 압박이 심각하고 항상 실감되는 사회에서야말로 현인이나 혁명가들이 등장할 수 있는 것이죠. 사실 감옥 같은 나라에서야말로 체르느세비스키(Nicolai Chernyshevsky, 1828~1889)나 톨스토이(1828~1910), 레닌(1870~1924) 같은 사람들이 나타날 수 있는 것입니다. 그런 측면에서 본다면, 제가 편안한 북유럽을 선택한 것은 어떤 의미에서는 '참 인간'이 되기를 스스로 포기한 일이기도 하지요. 그러나 그런 생각을 종종 할 수 있는 '여유'도 편안한 북유럽이 주는 게 아닌가, 싶기도 합니다.

나의 집은 어디인가

2020년 제야를 맞이하면서 든 생각입니다. 제가 노르웨이에 체류한 지가 벌써 20년이 되어갑니다. 어쩌면 이제는 한글보다 노르웨이어를 더 빨리 읽을 수 있을 것 같습니다. 사실, 마음 한편에는 한글을 까먹을지도 모른다는 공포감이 있어서 일주일에 한 편씩 한글로 블로그에 글을 올려야 한다는 의무감을 느끼기도 합니다. 집 안에서 아이들과도 주로 노르웨이어로 대화하다 보니까 한국어와 멀어질 것 같다는 위기감이 느껴질 만도 하지요. 이런저런 일이 항상 있어서 노르웨이의 이민청, 경찰, 아동보호 감독원, 병원 등 학교 이외에도 온갖 기관과 부서를 모두 상대해봤습니다. 노르웨이 신문을 매일같이 읽고요. 그런데도 이상하게 노르웨이에 동화됐다든가, 노르웨이인이 됐다든가, 이런 느낌은 전혀 없습니다. 아무리 언어적으로 편입되었다 해도 정서적 동화는 전혀 이루어지지 않은 것이죠. 현실적으로 불편한 것은 그다지 없지만 내가 이 사회에 완전하게 '속한다'고 느껴본 적은 없습니다. 지자체 선거에 출마는 해도 말이죠.

반면 한국에 가끔 들어갈 때면 뭔가 집으로 돌아간다는, 그런 느낌이 분명히 있습니다. 사람들을 만나 이야기를 나누다 보면 아주 실감나게 동질감을 느끼게 되죠. 그것도 저절로 말이죠. 물론 동질감을 느끼는 만큼 괴리감도 바로 느껴집니다. 예컨대 사립 대학 등 한국의 '조직' 속에서 혹시나 밥통을 갖고 살게 될 경우에는 할 말, 못 할 말을 아주 잘 걸러서, 두세 번 생각하고 내뱉어야 한다는 것부터 바로 느끼게 됩니다. 한국의 '조직'들에는 법률과 공식적인 '룰' 외에도 여러 가지 불문율들이 많으니까요. 그런데 한국 직장의 '관습 헌법'(?)이 너무 싫어서 외국 교육기관에 취직하여 해외에서 살고 있는 한국계 교원과 연구자들이 어디 한두 명입니까? 저만의 문제는 아니라는 거죠.

한국에 대한 동질감 혹은 노르웨이에 대한 괴리감이 어디에서 나오는지 가만히 생각해봤습니다. 역시 '정서 공유', 특히 각종 공포감이나 콤플렉스, 절망이나 체념 의식의 공유가 아주 큰 것 같습니다.

대한민국에서는, 특히 윗세대 중에 궁핍을 맛본 사람들이 상당히 많습니다. 저 역시 1990년대 초반 러시아에서 식량을 구할 돈이 없어, 며칠, 몇 주, 몇 달간 전전긍긍하고 배고픔에 시달린 경험을 갖고 있습니다. 저는 배고픈 사람들의 정서를 충분히 이

26

해하고 있지만 노르웨이에서 이런 체험을 해본 사람을 만나기는 좀 힘듭니다.

한국 남성들은 각자의 정치 성향 등과는 무관하게 하나의 악몽을 공유합니다. 군대에 두 번 끌려가는 악몽입니다. 저는 끌려간 적이 없는데도 입영 통지서가 우편함에 도착하고 군대에 끌려가는 악몽을 지금도 종종 꾸죠. 군에 반드시 가기 위해 일부러 돈을 들여 몸을 만들고 체력을 단련하는 노르웨이 사람들로서는 이해하기 힘들겠지만, 어쨌든 그게 저와 대다수 한국인 남성들이 공유하는 부분이죠.

저는 관존민비라든가 각종 부정과 비리 앞에서 "우리나라답다!"라고 외치는 한국인들을 1990년대 초반부터 종종 만나면서 처음에는 엄청 놀랐습니다. 러시아에도 똑같은 표현이 당연히(?) 있기 때문입니다. 하기야 서유럽 내지 북유럽 사회에서 뭔가를 배우고 싶은 욕망과 동시에 열등감 같은 것을 느끼고는 저들의 시선을 의식해서라도 무엇이든 모범적으로 잘하고 싶다는 욕망을 갖는 것도 아마 재유럽 러시아인과 한국인의 공통점일 겁니다.

아무래도 인간은 태어난 대로 사는 법이지요. 제가 태어날 때부터 속했던 사회는 이제 '각하'에 대한 기업인들의 상납부터 비밀경찰의 고문실까지, 1980년대를 체험한 한국인들에게는 너무도 익숙한 것들을 다 갖추고 있습니다. 그래서 러시아에는 이런 현실에 절망감을 느끼고는 비밀경찰에 대한 자살 공격이라도 감행해서 악몽 같은 현실을 바꾸고 싶어 하는 사람들도 있습니다. 그들의 고민들을 보다 보면 정말 한국의 1980년대가 연상됩니다. 어쨌든 추격형 발전을 해온 주변부의 후발 자본주의 사회 출신들이 서로에게 동질감을 느끼기 마련이지요. 제 사례를 봐도 이건 확실합니다.

중독론

ᒣ

저는 인간입니다. 고로 중독에 노출돼 있습니다. 중독이란 인간 종의 고유한 특징 중 하나입니다. 다른 종들에 비해 지나치게(?) 발달한 우리 뇌에는 보상 시스템이라는 것이 있고 이 보상 시스템이 중독의 메커니즘에서 핵심적인 역할을 하죠. 특정 활동이나 물질 등이 보상 시스템을 자극해 도파민과 같은 '쾌락의 호르몬'을 계속 분비하게 하면 우리 뇌는 그 활동이나 물질을 계속 욕망하게 되고, 결국 중독이 일어납니다. 다석(多夕) 유영모(1890~1981) 선생처럼 금욕의 삶을 산다면 모를까, 그렇지 않으면 나도 모르는 사이에 뇌가 아주아주 쉽게 이런저런 습관성 탐닉증에 걸리게 됩니다.

저도 중독의 원죄(?)를 똑같이 지고 있습니다. 제가 어릴 때부터 걸린 중독은 '문자 중독'입니다. 약 네 살 때부터 독서가 도파민을 분비시키는 주된 활동이 된 것이죠. 하지만 더욱 심각한 문제는, 제가 어린 시절 읽었던 책의 내용(예컨대 고대 그리스사 등)에 대해서 동년배들과 그다지 교류할 수가 없었다는 것입니다. 주변의 대다수에게는 정말 관심사에 들지 못하는 내용이었거든요. 그러다가 사교성이 아예 떨어지고 내향적 인간이 되었습니다. 유일무이한 낙은 정나미가 떨어지는 '지금 여기'와는 시공간적으로 먼, '희귀한' 대상들에 대한 독서를 탐하는 것이었죠. 중학교 시절 가장 큰 관심사는 멕시코 유카탄 반도의 마야족 도시국가들의 사회경제적 형태였습니다. 그러다 대학생이 되어서는 가야사에 빠지고 말았죠. 참, 당장의 밥벌이나 입시 성적 따위에 신경 쓰지 않고 유카탄 반도나 낙동강 유역의 고대사에 신경쓸 수 있게 해준 구소련 체제에 다시 한 번 마음 깊이 감사드리고 싶을 뿐입니다. 만약 제가 대한민국에서 같은 방식으로 자랐다면 어떻게 됐을까요?

제 주위에는 저 같은 독서 중독자뿐만 아니라 예컨대 고대나 중세 동전 또는 우표 수집 중독자 등도 더러 있었습니다. 하지만 대개는 좀 더 유해한 중독자들이 많았습니다. 일단 폭력 중독자들(주로 남성)이 꽤나 있었습니다. 이건 구성원들의 행동을 어린 시절부터 철저히 관리하지 못하는 대다수 사회도 매한가지일 것입니다. 노르웨이의 경우 초·중·고등학교에서 물리적인 (주먹) 싸움이 나면 그게 뉴스에 보도됩니다. 하지만 노르웨이처럼 인간을 어릴 때부터 잘 관리하는 시스템은 아무래도 세상에는 드물죠. 그런데 (주로 젊은 남성들의) 주먹질 중독은 일차적으로 '자연발생적'(예컨대 암컷을 놓고 경쟁을 벌이는 수컷 침팬지의 행동과 유형적으로 유사한) 패턴이라 해도 사회성 중독들도 늘 눈에 띄곤 했습니다.

물론 제일 큰 것은 알코올 중독이었습니다. 레닌 시절만 해도 '인간 개조'(그러니까, 오늘날 노르웨이식으로 보자면 반사회적 행동에 대한 사회적인 관리)에 나름의 열성적 관심을 두었던 소신형 볼셰비키들이 금주령을 내리고 밀주 장수들을 총살하곤 했습니다 (몽양(夢陽) 여운형(1886~1947) 선생이 그 광경을 1922년에 모스크바에서 목도하고서 매우 긍정적으로 평가했습니다!). 그러다 레닌이 와병하여 식물인간이 되자 그의 후계자들이 1923년에 바로 금주령을 풀어버렸습니다. 1925년부터 주류의 전매가 다시 시작됐죠. 자본이 주류 장사로 돈을 벌듯이, 소련 정부는 보드카 장사로 예산을 메우곤 했습니다. 저는 술에 대해 거의 병적인 거부감이 있어서 이를 목격하고는 소련의 '사회주의' 간판에 대해 본격적으로 회의한 적이 있습니다. 사람들을 술꾼으로 만들 정도로 보드카를 열심히 판매하는 사회가 무슨 놈의 '사회주의'입니까?

그런데 각종 중독을 이용하여 돈을 가장 잘 버는 곳은 '고전적' 구미권 자본주의 사회지요. 나아가, 인간의 중독을 이용하지 않고는 자본주의의 이윤 추구 모델이 돌아가지 않는다고 말해도 과언은 아닙니다. 자본이 이윤을 위해 활용하는 중독들은 정말 가지가지입니다. 고전적인 술 중독도 물론 그중 하나고요. 아무리 세상이 변해서, 예컨대 중산층이 담배 중독에서 벗어나 헬스 중독에 빠진다 해도 술 중독의 정도는 '거의 그대로'입니다. 역사적으로 기복은 있지만, 오늘날 미국 성인은 1인당 연간 8리터 정도의 알코올을 소비합니다. 1940년과 같은 수치죠. 총인구의 약 2~3퍼센트는 심한 알코올 중독자이고, 약 8퍼센트는 다소 과음하는 편이며, 68퍼센트는 1년에 한 번씩이라도 음주를 하죠. 뭐, 러시아에 비해서는 약간 양호한 편이지만 '술 중독을 상업적으로 이용하는' 패턴 자체는 오십보백보입니다. 그러나 사실 성인들의 술 중독은 좀 구식입니다. 요즘 더 위험한 경향 중의 하나는, 아예 아주 어린 아이일 때부터 각종 전자 중독에 걸리게 하는 것이죠.

제 둘째 딸이 4년 전 초등학교에 입학했을 때에는 책 형태의 교과서들이 지급되지 않았습니다. 대신 아이패드가 지급됐습니다. 거기에는 프로그램 형태로 교재도 들어 있지만, 당연히 각종 게임들에도 접근이 가능합니다. 교육 자료의 상당 부분이 게임 형태라서, 저와 아이들이 아주 쉽고 자연스럽게 게임을 하도록 아예 학교가 나서서 '습관 들이기'를 하는 것이죠. 둘째 딸은 '중독자'가 되지는 않았지만 이제 전자게임 없는 삶을 상상조차 못 합니다. 그러니까 게임을 즐기게 하는 스마트폰이나 아이패드 등이 없는 삶은, 제 딸이나 그 급우들에게는 아예 생각조차 할 수 없는 삶이라는 거죠. 글쎄, 애플, 구글, 삼성 등이 원하는 미래 세대의 정신 형태는 대체로 그런 것이 아니겠어요? 그 외에 그들이 원하는 것은 쉽게 '낡은 것'을 버리고 '새것', 즉 최신 기종을 사는, 쇼핑 중독에 제대로 걸린 소비자들일 겁니다. 그래서 학교에서 지급되는 아이패드를 자꾸 업그레이드합니다. '새것 구매'에 대한 중독을 미리 키우는 것이죠. 국가가 나서서 인간의 중독을 이용하는 이윤 추구 행위의 '기반'을 잡아줍니다.

자본주의는 각종 중독의 '바다'입니다. 그 중독의 일부는 '합법적'이고 일부는 '불법적'입니다. 예컨대 13~16세 노르웨이 남성의 약 60퍼센트가 프르노를 인터넷에서 보는데, 그중 상당수는 포르노 중독에 걸릴 수 있습니다. 그래도 포르노 중독은 '합법'입니다. 한데 대마초 중독은 '불법'입니다. 대마초가 술보다 해롭다고 주장할 만한 의학적인 근거는 거의 없지만 말이죠. 어떻게 보면 소비 자본주의는 일종의 '기생 체제'입니다. 쉽게 중독에 빠지는 인간의 태생적인 약점에, 자본주의가 기생하고 있는 것이니까요. 이 기생충이 불러일으키고 이용하는 중독들은 과연 그 숙주인 인류를 또 무슨 파국으로 이끌어갈까요?

덕후라는 운명

제가 레닌그라드 대학교에 다닐 때 저를 지도해주신 분은 대학교 근처 과학원 산하 동방학 연구원의 마리안나 이바노브나 니키티나 선생님이었습니다. 모든 향가와 거의 모든 시조를 러시아어로 번역하시고,《홍길동전》같은 고전 소설들(그중에는 국내에서 별로 알려져 있지 않은《쌍천기봉(雙釧奇逢)》등도 있었습니다)도 옮기신 니키티나 선생님은 자타가 인정하는 '기인'이었습니다. 러시아 국내에서뿐만 아니라 국외에서도 약간의 '기행'을 보이셨죠. 1987년 국제 학회 참석 차 평양에 가셨을 때는 연회 자리에서 음주를 거부하면서 "나는 전생에 평양에 있는 비구니 사찰의 비구니였다. 그런데 그만 음주 죄로 쫓겨나고 말았다"라고 주최 측에 선언(?)해 '우리 북조선 동지'들을 좀 아연(?)하게 만들었죠. 그분은 러시아 국내에서 여러 언어로 학술적, 대중적 글을 쓰는 한 선생님(그는 그때 신진 학자였습니다)을 가리키며 이렇게 말씀하

셨습니다. "L 선생은 참 행운아네요. 인간으로 생을 누리면서 살아갈 여유가 있으니까요. 나 같은 사람에게는 그런 인생이 없어요. 공부하면서 인간으로 살길 일찍 포기했죠."

'나는 인간으로 살길 일찍 포기했다.' 저는 이 말을 자주 되새깁니다. 이 말의 의미는 뭘까요? 니키티나 선생님에게는 남편도 있고 딸도 있었지만, 그녀의 뇌를 독차지한 것은 '오로지 고대 한국 문학과 신화'였습니다. 그녀의 저서 목록을 봐도, 예컨대 저나 위에서 언급된 'L 선생'과는 달리 대중적 글이 거의 없었습니다. 상부 지시에 의해 의무적으로 써야 했던 백과사전의 코리아 관련 항목 등은 빼고요. 그녀의 말로는 휴가 중에 흑해에서 수영을 할 때에도 〈찬기파랑가〉의 '구름'과 '달', 〈제망매가〉의 '나무'의 상징성을 깊이 고민하다가 몇 번이나 익사할 위기에 처하곤 했답니다. 그녀에게는 윗사람이 나무나 머리, 아랫사람이 나뭇가지나 팔다리에 해당됐던 고대 한반도의 '상하관계를 상징화한 모델'(그녀 자신이 복원했다고 여겼죠) 등 기호학파적 한국학 연구 이외의 세상은 거의 존재하지 않았습니다.

저는 누가 제 연구에 대해 뭐라고 해도 거의 상처를 받지 않을 만큼 공부라는 것을 상대화했습니다만, 니키티나 선생님은 그렇지 못했습니다. 그래서 처음으로 서울에 왔을 때 서울대 국문과의 조동일 교수로부터 비판을 받고 엄청난 상처를 입었습니다. 그만큼 그녀에게 그녀의 학술적 앎의 세계는 인생의 '전부'

였던 거죠. 그녀는 속칭 '덕후'의 범주에 속하셨습니다. 발자크 (1799~1850)가 이야기했던 '인간학'의 차원에서 우리는 '덕후'라 는 범주를 좀 이해해야 합니다.

근대적 덕후들의 전신은 아마도 고대나 중세의 수도승과 승려, 무당과 박수, 아니면 아정(雅亭) 이덕무(1741~1793) 같은 약간은 광적인 박학가(博學家)들이었을 것입니다. 덕후는 대개 인간 사회의 위계 질서적인 구조이자 인간 사회의 보편적인 요소인 '권력'에 대해 무한한 소외감이나 거부감을 느끼면서 자신과 특정 분야가 불이(不二)임을 느낍니다. 예컨대 음악의 덕후는 음악과 둘이 아닌 하나입니다. 니키티나 선생님 같은 학술의 덕후는 꿈에서도 월명(月明)대사나 죽지랑(竹旨郎)과 대화합니다. 덕후는 수도승의 후신답게 권력뿐만 아니라 물질과도 거리를 둡니다. 보통의 덕후는 이재(理財)에 무능합니다. 돈을 벌 줄 모를 뿐만 아니라 쓸 줄도 모릅니다. 덕후는 맛집에 다니는 일도 없고 아파트 평수 등에 마음 쓰는 일도 없습니다.

거기까지는 세인들로부터 존경을 받을 수도 있지만, 덕후는 동시에 자기중심적일 수 있고 그만큼 주위 사람들에게는 소외감을 줄 수 있습니다. '이기적'이라는 비판을 받을 수도 있지만, 사실은 '자신만'의 세계에 집중하느라 다른 부분들에 대해서는 '물리적으로' 쓸 신경이 없는 것이죠. 예컨대 니키티나 선생님은 한반도의 근현대사에 관심을 가진 적이 한 번도 없었습니다. 혹시 한국에 가도《삼국유사》의 현장을 답사하거나 관련 논문 등을 읽느라 모든 시간을 보내시고 '광주'에는 한 번도 가본 적이 없으셨죠.

이런 '자기 일에의 집중'은 때로 부정적으로 느껴질 수도 있지만, 일반의 재가자(?)들은 덕후에게 좀 관대할 필요가 있습니다. 그만큼 덕후는 아주 민감하고, 그만큼 덕후의 삶은 1분 1분이 세상모르는 고통의 연속일 수도 있다는 것이죠. 덕후의 전형인 천재적 시인들이 하나같이 젊은 나이에 요절하는 원인은 뭘까요? 그들에게는 '사회'라는 것 자체가 엄청난 부담에 해당되고, 몸이라는 자기 자신의 궁극적인 물질성조차 감옥처럼 느껴집니다. 시 창작 과정에서 '접신'과 같은 체험을 하는 시인에게는 죽음이야말로 해방이고 해탈입니다. 하지만 이건 '극한 덕후'이고 모든 덕후들이 그렇지는 않습니다. 어쨌든 '성덕(성공적 덕후질)'의 개인적 대가란 세인의 상상을 초월합니다. 그래서 삼국 시대나 고려 시대에 유발(有髮)들이 무발(無髮)들을 극진히 대접했듯이 우리도 덕후들을 관대하게 대해야 합니다.

'괜찮은 사회'에 대한 저의 개인적 정의(definition)는 덕후, 사회적 적응을 거부하는 기인들이 그나마 살아남을 수 있는 관용 사회입니다. 사실 후기의 소련은 그런 관점에서 본다면 그리 나쁜 곳은 아니었습니다. 니키티나 선생님 이외에, 예컨대 빅토르 최(1962~1990) 같은 '명(名)덕후'들이 성덕이 될 수 있었으니까요.

빅토르 최는 만약 군에 징집당했다면 과연 성덕이 될 수 있었을까요? 의심해볼 만한 대목이지만, 실제로 빅토르 최는 정신병원에 약 한 달 동안 자진 입원하여 '정신병이 있다'는 진단서를 받아내고 병역을 빼먹었습니다. 그 덕분에 군에서의 가혹 행위 등으로 진짜(!) 미치지 않고 성덕이 될 수 있었던 셈이죠. 우리 대한민국에서는 양심적 병역 거부자 이외에는 강요된 살인 훈련을 받아들일 수 없거나 강요된 합숙 생활에 적응할 수 없는 '덕후'들이 살아남을 길이 이민밖에 없는 건가요? 참, 슬픈 질문이고 답이 없는 질문입니다.

도대체 술을 왜 마시는가

저는 이 글을 쓰는 순간 가을 방학을 맞은 맏아들과 함께 베를린에서 잠깐(아주 잠깐!)의 휴가를 즐기고 있습니다. 제 전략은 관광객이 아닌 그저 일반 독일인처럼 잠깐이나마 살아보는 것입니다. 그래서 식사도 관광객 위주의 음식점에 가는 대신, 그냥 호텔 근처 슈퍼에서 먹을거리를 사다가 호텔방에서 먹습니다. 그러면 비용도 비교적 적게 드니까요. 그런데 이 동네 저 동네 슈퍼를 다니다 보니, 독일인들 역시 주량이 상당하다는 것을 느꼈습니다. 그들은 특히 주말에 주류를 많이 사고, 동네 이곳저곳에서 술을 마셨습니다. 술에 취하거나 고질적 알코올 중독증에 걸린 듯한 사람들도 꽤나 자주 눈에 띄었고요.

통계적으로 보면, 주류 판매 정책이 매우 엄격하여, 오로지 나라에서 경영하는 전매점에서만 천문학적인 가격으로 술을 살 수 있는 노르웨이(7.7리터 정도)에 비해 독일인의 연간 1인당 알

코올 소비량(11.8리터)은 거의 대한민국 수준(12.3리터)입니다. 대한민국 수준이라면, 사실 세계적으로 꽤나 높은 수준이죠. 북한보다 약 네 배, 중국보다 약 두 배 더 많이 마시는 겁니다. 노미카이(のみかい), 즉 술이 들어가는 회식의 악습이 심한 일본만 해도, 1인당 알코올 소비량으로 평가되는 주량은 오히려 노르웨이와 비슷한 편입니다. 물론 러시아인의 평균 알코올 소비량(15리터 이상)에 비하면, 대한민국도 독일도 양반으로 보이긴 합니다.

러시아인의 음주벽은 아주 옛날부터 분석의 대상이었습니다. 보통 언급되는 원인은 지연된 이농과 도시화 과정 속에서 1세대 도시민들이 느낀 소외감(공동체 상실 현상), 농촌 문화에서 발생된 그릇된 남성성 규준들(마초주의), 억압적인 수직적 시스템에 대한 일종의 왜곡된 저항으로서의 집단적 음주 등입니다. 여기에 주류 생산이 국가의 독점인 만큼 민중의 음주벽을 이용해 국가가 돈을 벌어들인다는 사실까지 언급해야겠죠?

한국의 경우, 역시 원인은 뻔합니다. 인간을 죽일 만큼 초고강도 노동의 리듬, '스트레스를 풀어야 한다'는 필요성, 술을 매개로 하는 마초적인 수직적 '조직 문화', 러시아와 그리 다르지 않게 제1세대 도시민들의 '자연적' 공동체 상실과 음주를 통한 2차 공동체 구성, 주류 판매업체들의 엄청난 힘입니다. 대한민국에서는 청소년도 쉽게 드나드는 장소에서까지 소주 광고를 볼 수 있습니다. 다른 많은 나라에서는 상상도 못 할 일이죠.

그런데 대한민국보다 훨씬 살기가 편한 핀란드 같은 나라에서는 왜 1인당 음주량이 대한민국과 같을까요? 왜 스웨덴, 덴마크, 노르웨이 같은 나라들은 세계적으로 상당한 주류 소비 수준 (7~9리터)을 과시할까요? 특히 북구처럼 '건강'에 당당히 미친 사회들 같은 경우에는 알코올이 건강에 미치는 악영향을 모르는 사람이 아마도 없을 겁니다. 소화 문제, 간염, 암 발생, 발기 부전, 전뇌 축소, 기억상실증, 노이로제, 환각 증세…… 모두 열거하면 몇 단락 정도는 필요할 겁니다. 순수하게 과학적으로 따져보면 음주는 소량, 아니 극소량이라고 해도 백해무익합니다. 이런 사실은 북유럽 일반인도 뻔히 알고 있을 겁니다. 그런데도 왜들 마실까요? 그것도 요즘 같으면 중학교 시절부터요.

인간은 좀 특이한 동물입니다. 지능이 높은 만큼 뇌를 쉬게 해야 하죠. 그래서 인생에서 3분의 1은 수면 시간인 데다가, 인간에게 꼭 필요한 것은 어떤 '도취'의 체험입니다. 도취의 종류는 정말 다양합니다. '할렐루야'를 외치면서 눈물을 흘리는 방법도 있고, 자주 섹스하면서 오르가슴을 즐기는 방법도 있고, 대마초를 피우는 방법도 있습니다. 바흐(1685~1750)나 스크랴빈(1872~1915)의 음악을 들으면서 음악 감상의 삼매에 들어가는 방법도 있고요. 요즘 같으면 헬스장에서 운동하면서 일종의 오르가슴 같은 환희의 기분에 빠지는 사람들도 있겠죠. 정말 각양각색의 방법들이 있습니다. 그중에는 정신에 위험할 수 있는 방법도("할렐루야"), 심신에 모두 안 좋은 방법도(대마초, 주류), 몸에 좋은 방법도(헬스), 정신에 유익한 방법도(독서, 음악 감상), 심신에 모두 좋은 방법도(요가와 명상, 사랑하는 사람과의 성관계) 있습니다. 사회의 과제는 구성원이 어릴 때부터 나쁘지 않은 도취의 방법을 알려주는 것입니다. 예컨대 독서삼매의 유쾌함을 일찌감치 학교교육에서 보여준다든가, 사랑과 섹스가 마음과 몸에 얼마나 좋은지 일찌감치 성교육 과정에서 가르친다든가 하는 방식으로 말입니다.

이런 차원에서는 한국의 교육을 좋게 평가하기가 어렵습니다. 독서를 천천히 즐길 시간을 주지 않고 초고강도의 학습 노동만 시키면서 고등학생이 되도록 학교 교정에서 키스 한 번 못 하게 하는 '교육'은 그저 아동 학대에 불과합니다. 그런데 숙제도 없고 고교생들의 성생활에 대해 누구도 토를 달지 않는 핀란드 같은 나라에도 도대체 왜 그렇게 술꾼들이 많은 걸까요? 이유는 간단합니다. 어떤 자본주의 사회에서든 학교는 더 이상 사람을 '키우지' 않습니다. 학교는 사회생활에 필요한 지식을 전달하고 미래의 노동자에게 기초 규율 등을 가르칠 뿐이죠. 사람을 '키우는' 것은 미디어와 인터넷 같은 가상공간, 그리고 거리의 생활공간입니다. 가상공간에서든 생활공간에서든 술을 마시는 것이 스트레스를 풀고 관계를 만드는 당연한 방식으로 비추어진다면, 차세대도 당연히 술 '문화'에 빠져들게 되죠.

저는 완고한 초강경 금주가입니다. 전쟁, 비밀경찰, 금융자본 따위에 대해 느끼는 혐오증과는 다르지만, 기본적으로 술에 대한 아주 강한 혐오증을 느낍니다. 술로부터 자유로운 인간 사회는 제 꿈 중의 하나입니다. 그런데 그런 사회로 가려면 일단 교육 시스템의 계획적이고 체계적이고 장기적인 노력이 필요합니다. 거기에다 주류 판매 자본의 이해관계를 가차 없이 침해해야 하고요. 자본주의 사회에서는 이게 거의 불가능한 프로젝트이기에, 앞으로도 술로 망가지는 인생들이 아주 많을 거라고, 아주 슬프게 전망해봅니다.

탈남脫南이라는 선택

큰아이에게 진로 선택의 시기가 점차 다가오고 있어서인지 자꾸 인생에서 '선택'의 문제를 고민하게 됩니다. 우리가 선택할 수 없는 태생적인 조건들이 우리 인생에 꽤나 많습니다. 우선 태어날 때의 인종이나 언어(모어), 태어난 때와 장소를 마음대로 택할 수는 없죠. 그래도 부모가 배우자를 선정해주는 사회, 또는 직업이 세습되는 사회가 아니라면 인간은 보통 (제한적으로나마) 인생의 반려자(들)를 선택할 수 있으며 자신의 직업(들)도 선택할 수 있습니다. 그리고 또 하나, 국민국가의 국경선들이 절대적이었던 '고체형 근대성(solid modernity)' 시대라면 어려웠을 수도 있겠지만 자본주의 후기의 '액체형 근대(liquid modernity)'하에서는 가끔 국경 너머에 거주지를 선택할 수도 있습니다. 결국 반려자와 직업 그리고 거주지는 인생의 3대 선택이라고 해도 과언이 아닐 듯합니다.

이 선택들의 특징은, 많은 경우 퇴로가 차단될 수도 있기에 마음을 바꾸어도 이미 늦을 수 있고, 그래서 정말로 신중해야 한다는 점이죠. 그나마 쉬운 것은 이혼입니다. 요즘 황혼 이혼이 유행하는 것을 보면 늙어서도 할 수 있는 것이죠. 그런데 직업만 해도 제가 이 나이(40대 후반)에, 예컨대 한국학이 아닌 그 인접 학문인 중국사 연구를 하려고 해도 이미 지난한 일일 겁니다. 한문은 어느 정도 배웠지만 백화문(白話文) 등을 다시 배워야 하니까요. 인접 분야로 진출하기도 이렇게 어렵다면 아예 전공을 바꾸는 것은 불가능에 가깝죠. 그리고 거주지 선택도 한 번 하고 나면 바꾸기가 정말 쉽지 않습니다.

저는 러시아에서 최종 학위까지 땄지만 지난 10년 동안 러시아어로 학술 논문을 거의 쓰지 않아서 아마도 지금 거기에서 강단에 서게 되면 강의 시에 써야 하는 학술 언어의 구사부터 그렇게 자연스럽지 않을 수도 있습니다. 그것보다 어려운 것은 그쪽 교육부가 요구하는 각종 문서를 작성하는 것이겠죠. 그런데 그것 이상으로 어려운 것이 있습니다. 바로 어느 일간지를 읽어 봐도 내용은 엇비슷하고 1면이나 2면에는 반드시 '각하'의 사진과 '각하' 관련 소식이 실리는 현실을 받아들여야 한다는 것입니다. 뭐, 한국 사립 대학에 재직할 때도 마찬가지였지만, 무슨 소왕국의 조폭 수준인 '왕조' 아래에서 산다는 것이 모욕으로 느껴질 수도 있고 트라우마가 될 수도 있습니다. 다른 공기를 한 번이라도 마시고 나면 말이죠.

제가 이렇게 탈로(脫露)하고 탈남(脫南)했지만, 이제는 이 선택들을 취소하려고 마음먹어도 사실상 불가능하다는 것을 실감합니다. 이게 후회일까요? 글쎄, 제가 후회스러운 것은 언어와 현장의 괴리 같은 것입니다. 제게 러시아어는 모어이고 한국어는 제2의 모어이지만 서방 학계의 극심한 언어 제국주의로 영어 글쓰기만 자꾸 강요되는 현실이 제게는 부자유스럽습니다. 그래서인지 가끔은 왁자지껄하게 러시아어나 한국말이 들리는 길거리가 대단히 그리워지죠. 그리고 역사의 흐름 밖에 있는 듯한 서방 학계와 달리 한반도도 러시아도 역사가 격렬하게 이루어지는 '현장'들입니다. 한국만 해도 신자유주의의 모범국인 만큼 신자유주의와의 투쟁이 벌어지는 최전선이며, 사드 등이 상징하는 제국주의 또는 전쟁과의 투쟁이 벌어지는 최전선이죠. 그 투쟁의 자리에 계속 있지 못하고 제대로 연대하지 못하는 것이 대단히 아쉽게 느껴집니다.

탈로도 탈남도 평생의 향수병을 의미할 수 있는 선택들입니다. 그래도 저는 때로 행복감을 만끽합니다. 러시아에서는 동방학을 하는 사람들에게 늘 안보과 직원들이 붙어서 한국 같은 나라에라도 갔다 오면 '적성 국가 간첩들의 접촉 시도' 등에 대한 보고서를 요구하는 추태들이 벌어졌습니다. 하지만 노르웨이에서는 그런 일이 없다는 것이 그나마 행복합니다. 한국의 국정원이든 러시아의 안보 당국이든 '심층 국가'와 관계없이 산다는 게 인간의 제일 큰 행복은 아닐까요? 거기에 저 같은 교원 노동자들이 거의 다들 노조에 가입하고 집단교섭을 벌이고 썩어빠진 귀족 의식을 가지지 않는다는 것이 저로서는 해방적입니다. 왕처럼 폼 잡는 '교수님'이 조교에게 '팔만대장경' 복사 노동을 강요해도 같은 종류의 '교수님'이 이끄는 인권위가 아무런 처벌이나 징계 절차도 밟지 않는, 갑질이 일상화된 한국 대학의 세계를 상상만 하면 저는 엄청난 두통이 밀려옵니다. 이 '교수님'들이 벌이는 추태들을 보지 않아도 되고, 조교들이 그들의 커피 심부름을 하는 모습을 보지 않아도 된다는 것은 저로서는 아마도 가장 큰 해방감일 겁니다.

제가 러시아 안보과 직원이나 한국 '교수님'들을 평생 보지 않으려면 이 삼수갑산 같은 노르웨이라는 곳에서 그냥 살아야 합니다. 향수병은 심해도 온갖 괴물들과 만날 일 없이 제 공부만 하면 되는 행복감이 크겠죠. 향수병이 좀 많이 심해지면 이렇게 한국말로 조금 끄적거리며 풀 수도 있고요. 그런데 탈남할 생각을 가진 사람이라면 일단 이 생각부터 먼저 냉정하게 해봐야 합니다. 각종 갑질 외에는 아무것도 할 줄 모르는 온갖 '교수님', '사장님', '회장님', '이사님' 따위를 평생 안 봐도 된다는 행복감이 과연 당신에게 언어 상실이나 현장감 상실 등 탈남이 가져다줄 여러 상실들을 십분 보상해줄 수 있을까요? 사람마다 답은 다르겠죠. 개개인의 성격이나 인생 경험 등에 좌우될 수도 있고요. 그런데 한번 정해지면 나중에 후회해도 늦고 바꾸기 어려운 결정이라는 점을 부디 명심하시기 바랍니다!

2장 — 남아 있는 상처

내면의 풍경

저는 아무래도 사회관이나 정치관이 (자본주의에 상당히 회의적인 만큼) '진보적'이어서 그런지, 일상생활에서는 대단히 보수적인 것 같습니다. 그래서 전자 기기들을 다룰 때마다 대단한 불편함을 느끼곤 하죠. '페북'을 하기는 하지만, 여러 '페친'들의 포스팅들을 쭉 밑으로 내리며 대충대충 훑어보는 것은 제게 '낙'이라기보다는 고통입니다.

저의 경우, 책을 보는 습관대로 포스팅 하나를 천천히 보면서 관련된 생각을 길게 이어가보고 싶은 마음이 강한 데다, 서로 관계도 없는 여러 포스팅을 단숨에 같이 대략 훑어보는 것은 오히려 힘들고 부자연스럽습니다. 그나마 '텍스트' 위주의 페북은 한국 소식을 다양하게 원격으로 접하는 방법이라고 생각해서 참고 이용하는 것인데, '텍스트'도 아닌 '사진' 위주의 인스타그램이나 아주 짧은 텍스트 위주의 트위터를 접할 만한 인내심은 도

저히 생기지 않습니다. 아무래도 제게 제일 행복한 시간은 커피를 마시면서 아주 두꺼운 책을 조금씩 즐겨 읽는 시간인 것 같습니다. 구식 중의 구식이죠.

그런데 제 아이나 그 친구들을 보면, 완전히 다른 세상이라는 생각이 듭니다. 추리 소설이나 통속적인 연애 소설이라면 모를까, 그들은 일단 '두꺼운 책'을 읽지 않습니다. 텍스트라면, 아주 짧고 단편적인 텍스트에만, 그것도 10~15분 이상 집중하지 못합니다. 아이들은 텍스트가 아닌 '영상' 위주로 세상을 만납니다. 그것도 영상을 오랫동안 진지하게 본다기보다는 여러 짧은 영상들을 번갈아 보는 것을 즐기는 듯합니다. 틱톡처럼 짧은 동영상들이 서로 아무런 관련 없이 나오는 SNS가 그들에게 가장 이상적인 모양입니다. 하나의 동영상에 대해 오랫동안 반추하고 사색하기보다는 자신의 고뇌 등을 잊기 위해서인지 서로 관계없는 짧은 영상이나 사진 속으로 푹 빠짐으로써 '생각'에서 도피하는 것이죠. 생각해보면, 고등학교 시절에 한두 시간씩 같이 거닐면서 자유가 인류 발전의 숙명적 목적이라는 헤겔(1770~1831)의 명제를 열띠게 토론했던 소련 말기의 아이들이 제 아들 세대에게는 거의 고대인이나 중세인쯤으로 보이겠죠?

'꼰대질'할 생각은 없습니다. 소련이 말기까지 끌고 갔던 전후의 관치 경제와 관치 사회가 지성적인 것만도 아니었고요. 오늘날의 아이들이 시간여행을 떠나 제가 고등학교 1학년이던

1987년으로 간다면, 아마도 선생님이 교실에 들어오자마자 모두가 기립하여 인사하는 장면부터 너무 생소해서 도망쳤을 것입니다. 당시는 권위주의가 일상이어서, '학폭' 등의 문제가 '공론화'의 대상조차 되지 못했습니다. 1968년 혁명으로 전후 관치사회, 권위주의 문화가 청산되기 시작했고, 오늘날의 미투운동 등으로 완료 단계에 이르렀습니다. 이런 것이 바로 헤겔이 말한 '자유로의 행진'입니다. 헤겔의 변증법대로 오늘날에도, 진보와 퇴보가 동시에 평행적으로 이루어지는 것입니다. 권위주의, 남성 우월주의, 백인 인종주의 등이 드디어 본격적인 도전을 받는 해방적인 발전과 동시에, 근대의 문화 발전 속에서 축적돼온 '개인 내면'이라는 유산도 SNS 자본, 전자 자본의 맹공에 점차 무너져가는 것이죠.

우리가 통상적으로 생각하는 '개인의 내면'이란 대체로 근대적 발견입니다. 조선 시대의 일기 자료 같은 것을 보면 보통 하루 동안 이루어진 일, 인간관계, 각종 의례, 선물, 그리고 시사에 대한 생각 등을 적을 뿐, 자신의 심리 변화나 하늘 등에 대한 단상은 잘 적지 않았습니다. 별들을 보면서 "별 하나에 추억, 별 하나에 사랑, 별 하나에 쓸쓸함, 별 하나에 동경, 별 하나에 시, 별 하나에 어머니 어머니"를 상상하면서 그 상상을 시로 적고 그 시를 귀중히 여기는 것은 '근대'의 전형적인 풍경이지, 전근대의 풍경이 아닙니다. 전근대 사람들은 우리처럼 책을 묵독

하지 않고 보통 음독하곤 했었죠. 두꺼운 책들은 그때도 많았지만, 그 내용은 '사색'의 대상이라기보다는 '습득'의 대상이었습니다. 유교는 그렇다 치고 일종의 이단이었던 불교문화도 '사색'을 별로 반가워하지 않았습니다. 사색은 '번뇌'나 '알음알이' 정도로 취급됐습니다. 간화선(看話禪)이 추구하는 돈오(頓悟), 오도(悟道), 깨달음은 모든 사색을 상대화시켜서 불필요하게 만드는 (지성적이기보다는) 종교적 체험이었습니다. 천천히 읽고 혼자서 생각에 잠겼다가 그 생각을 반추하고 즐기는 내면의 풍경은 대표적인 근대의 풍경이죠.

근대는 SNS와 영상 문화의 공격 속에서 이제 거의 해체 단계에 온 것 같습니다. 인스타그램, 스냅챗, 틱톡 등을 매일 보며 자란 세대로서는 헤겔이나 칸트(1724~1804)나 마르크스(1818~1883)의 두꺼운 책들은 뭐, 《탈무드》나 《우파니샤드》 또는 사서삼경(四書三經)처럼 '이질적인 문화' 정도일 것입니다. 코로나19와 함께 도래한 공황에 생계 문제가 심각해진 밀레니얼(Millennials)들이 '다시 마르크스로!' 회귀한다 해도(결국 회귀할 가능성이 크다고 봅니다!) 아마 《자본론》을 유튜브 동영상으로 익히지, 책으로는 읽지 못할 것 같습니다. 읽고 사색하는 것은, 어릴 때부터 그런 훈련을 받아온 소수의 특권이 되어버린 셈입니다. 아마도 총자본의 이해관계의 차원에서는 긴 텍스트를 마스터하고 체계적으로 사고하는 일 자체를 어려워하는 세대의 출현은 대단히 바람직한 일이지만, 이 시스템을 바꾸려는 사람들의 입장에서는 아주 커다란 '문제'일 것입니다. 오늘날 레닌이 다시 나타나면 〈불꽃(이스크라)〉과 같은 대중적인 혁명적 신문을 발행하는 대신 유튜브 채널을 하나 만들어야겠죠? SNS가 던진 도전을 충분히 인식하고, 언젠가 극복하지 못한다면 급진적 변혁의 꿈을 접어야 할지도 모르겠습니다.

공부의 의미

인간은 대개 제멋대로 행동하지 못합니다. 사회는 구성원들에게 때로는 명시적으로, 때로는 암묵적으로 어떤 정해진 규준들을 따르게 하니까요. 물론 사회마다 규준들은 상당히 다르죠. 예컨대 노르웨이 카페나 식당에 들어가면 늘 느껴지는 것은, 한국인으로서는 거의 이상하게 다가올 정도의 조용함입니다. 사람들은 대화를 나눌 때도 남들에게 민폐를 끼치지 않기 위해 목소리를 조용히 낮추곤 하지요. 덕분에 저는 학교 식당에서 맨날 밥을 먹으며 책을 보곤 합니다. 그래도 될 만큼 실내가 조용하거든요. 거기에 비하면, 한국 식당과 카페는 좀 더 시끌벅적하죠. 어디에도 쓰여 있지 않은, 그러나 다들 경험적으로 알고 있는 사회적 불문율들은 조금씩 다르니까요.

아니면 젊은 남성들의 소사회를 한번 살펴보시죠. 집에서는 착한 아이라 해도 같은 젊은 남성들끼리는 욕도 좀 해가면서 휠씬 더 터프하게 행동해야 합니다. 그 소사회의 규준상 터프하지 않고 '마마보이'로 보이면 (비공식적) 신분이 바로 강등되거든요. 이렇게 사회적 규범은 개개인이 인식하지 못하는 사이에 개인을 지배합니다.

그렇다면 한국 사회의 제일 중요한 규범은 뭘까요? 제가 보기엔 '열공', 열심히 공부해야 '인물'이 된다는 것입니다. 한국에서 태어나 자란 사람들에겐 이게 당연시되지만, 사실 반드시 당연한 것은 아닙니다. '열공'에 부여되는 의미는 한국 사회에선 절대적이지만, 다른 사회들에서는 그리 중요하지 않을 수도 있죠. 유럽으로 치면, 동쪽일수록 '열공'에 붙는 사회적 프리미엄이 크고, 서쪽이나 북쪽일수록 적습니다. 동유럽은, 한국과 그리 다르지 않게, 지난 한두 세기 동안 국가 주도의 압축적인 근대화의 길을 걸어왔고, 그 과정에서 사회적 신분을 부여하는 중핵적인 메커니즘은 바로 '학교'였습니다. 아무리 '노동자 국가' 내지 '사회주의'를 내세웠어도 러시아 사회 내에서 만인은 '배운 사람'과 '안 배운 사람'으로 엄연히 양분되고, 후자는 평생 열등감 속에서 살아야 합니다.

반면 노르웨이에서 저는 아직도 '공부'로 스트레스를 받는 사람을 본 적이 없습니다. 최근 제 아들이 제게 고등학교를 중퇴하고 경비 업체에 취업하겠다고 한 번 선언했습니다. 하지만 저는 노르웨이에서 20년 동안 살아온 덕분인지 별다른 안타까움을 느끼지 못했습니다. 만인이 공부만 해야 하는 의무가 없기에,

공부가 싫어지면, 뭐, 몇 년간 저숙련 내지 미숙련 노동을 하다가 나중에 다시 천천히 공부의 세계로 돌아오면 되니까요. 돌아오지 않아도 되고요. 어차피 노동을 존중해주는 사회이기 때문에 평생 공부와 관계없는 '일'을 해도 그게 그저 본인의 선택일 뿐입니다. 본인이 행복하기만 하면 되고, 어차피 행복은 학위 순이 아니거든요. 그러니까 여기에서는 자녀가 그런 선언을 해도 아무런 문제가 되지 않습니다. 하지만 한국에서 이런 일이 벌어졌다면 과연 반응들이 어땠을까 싶습니다.

'열공'에 '올인'하는 사회의 문제점들은 뭘까요? 가장 널리 알려지고 많이 토론되는 문제는 '열공' 밑에 깔려 있는 단선적 신분 상승 열망입니다. 단순히 '재미있어서' 열심히 공부하는 것이 아니라 시험을 통해 '더 높은 곳'으로 올라가기 위해 죽도록 '노오오력'하는 것이죠. 이렇게 낮고 높은 서열이 한국에서는 완벽하게 단선적입니다.

국내 서열의 꼭대기가 스카이(SKY)인 것처럼, 한국인들이 인식하는 국제적 서열의 꼭대기는 아이비리그입니다. 서고연에서 학부를 나오고 아이비에서 석·박사 학위를 따고 국내에 금의환향해서 10대 그룹의 임원이나 고급 공무원 또는 정치인이나 '교수님'을 하는 것이 '열공'의 유일무이한 목적입니다. 이 단선적인 서열 밖에 있는 것은 모두 무시됩니다. 예컨대 북유럽의 대학 학위 과정에는 한국인 유학생들이 극소수입니다. 왜냐하면

'아이비' 학위에 비하면 웁살라나 코펜하겐 또는 오슬로 학위로는 아무래도 국내에서 신분 상승의 목표를 이루기 힘드니까요.

공부에는 신분 상승이나 '입신양명' 외에 그 자체로서 다른 가치들이 녹아 있다는 것은, 그냥 내재적 '재미'나 의미를 위해 공부를 해도 된다는 것은 말로는 다들 아는 사실입니다. 하지만 모든 인간이 '높으신 분'과 '아랫사람'으로 양분된 서열적 사회에서는 '공부를 위한 공부' 역시 강남 좌파(?)의 사치로 보일 뿐입니다. 이미 '높으신 분'이 되면 '웰빙' 차원에서 할 수 있는 배부른 소리로 치부되는 것입니다. 인정 투쟁과 무한한 신분 상승의 중압감에 시달리는 불안과 위험 사회에서는 그럴 수밖에 없는 거겠죠? 노르웨이와 달리 한국 사회에서는 '알아줄 만한' 신분을 획득하지 못한 사람들의 기본생계까지 국가가 챙겨주는 것은 아니니까요.

그런데 이와 함께 너무 안타깝게 느껴지는 '열공 올인' 사회의 단점은 바로 엄청난 낭비입니다. 사실 연예계나 음악 쪽의 재능이 있거나 출중한 체력을 타고난 사람처럼, 공부에 진정한 흥미를 느끼는 사람 역시 그렇게 많지는 않습니다. 그렇게 소수인 것이 정상이죠. 사회를 유지시키는 것은 소수의 '재능'보다는 다수의 '노동'이니까요. 한국을 오늘날처럼 부자 나라로 만든 것은 '교수님'들의 그 잘난 '영어 논문'이 아니라 조립 라인에서 나사를 돌리는 노동자들의 손이었습니다. 그런데 생산에 참여하지 않는 고학력 인력이 존중받는 가운데, '노동자로 산다'는 것이 저주처럼 들리는 이 괴이한 '학력 우대 사회'에서는 부모들이 굳이 원하지도 않는 아이들에게까지 마지막 돈을 투자해서 공부를 시키고 유학을 보냅니다. 그 결과는? 국내외의 무수한 학위 과정에서 '부모님들을 실망시키지 않기 위해서' 혹은 '내 인생을 망치지 않기 위해서' 내심 전혀 원하지 않으면서도 각종 '공부'에 억지로 매달리는 한국 젊은이들이 부지기수입니다. 마음속으로 세상을 저주하면서 억지 공부를 해온 이 아이들도 언젠가는 의사나 법조인, 교수 등이 되겠죠. 하지만 그렇게 학위를 따낸 사람들이 책임 있는 관리직에 들어가는 게 사회에 축복인지 저주인지 모르겠습니다. 당사자에게는 이런 억지 공부가 자신에 대한 엄청난 폭력일 수도 있을 테니까요.

한국의 비공식적인 '국시'는 '열심히 공부하라!', '열공'입니다. 하지만 '열공 사회'엔 명암이 있습니다. 사회적 '열공' 강박증은, 한편으로는 세계 최고의 엔지니어와 연구진을 배출하는 사회를 만들었지만, 다른 한편으로는 인간의 '다른' 욕망에 대한 폭력과 엄청난 사회적 낭비로 귀착되기도 합니다. '열공' 강박증의 단점을 제거하고 장점은 더욱 살리는 것이 앞으로 이 사회의 핵심 과제겠죠? 저는 이 과제를 수행하는 첫걸음은, '공부'의 본래 의미를 왜곡하는 학벌 사회의 해체가 아닌가, 생각합니다. 단선적 학벌 사다리야말로 오늘날 '열공 사회'의 핵심적 문제니까요.

출산율 제로 사회

인간은 기본적으로 일개 동물에 불과하지만 다른 동물들과 큰 차이점이 있습니다. 성장 기간이 너무 길다는 것이죠. 통상 인간의 인생에서 약 5분의 1은 성장 기간에 해당됩니다. 또 5분의 1 정도는 정상적으로 혼자 살아가기 힘들 수도 있는 노년기입니다. 즉 인생의 5분의 2는 의타적일 수밖에 없는 거죠. 이게 바로 인간의 '기본 조건'입니다.

세상에는 온갖 노동이 존재하지만, 우리를 먹여살릴 식량을 만들어내는 농어업이 가장 핵심적이겠죠. 그런데 그만큼이나 중요한 노동이 바로 양육, 특히 영유아기의 조기 양육입니다. 인생의 '기본 세팅'은 생후 약 4~5년 동안, 즉 영아기와 유아기에 갖추어지죠. 그때 부모로부터 충분한 사랑을 받고 충분한 스킨십을 경험하면 평생 감정이 안정되고 대인관계가 원만하며 우울증 등을 겪을 확률이 낮아집니다. 영유아기에 혹시라도 부모의 관심과 사랑이 모자라면 나중에 수십 년간 심리 치료를 받아도 고칠 수가 없습니다.

'부모'라고는 했지만, 가부장제의 성격이 강한 사회에서는 양육의 부담이 주로 아빠가 아닌 엄마에게 돌아갑니다. 양육뿐인가요? 가부장제 사회에서 여성에게 주어지는 '집안일'은 웬만한 직장의 정규직 업무보다 힘들고 다양합니다. 양육 외에 노후의 돌봄도 여성의 몫이 되는 데다가 제반 가사(조리, 청소, 세탁 등)도 여성이 떠맡아야 합니다. 사실 이 모든 '집안일'은 남성의 사회적 노동을 가능하게 하는 '임금노동의 기반'입니다. 직장인은 집에서 누군가 청소와 빨래를 해주지 않으면 아무래도 직장에 다니기도 훨씬 어려워집니다.

그런데 한국에서는 하루 평균 두 시간 20분 정도 해야 하는 여성의 가사노동에 대해서는, 그 누구도 '임금'을 주지 않습니다. 시간 계산 자체가 힘든 양육 노동이나 노후 돌봄 노동도 마찬가지입니다. 임금을 준다면? 평균 임금을 적용할 경우 가사노동에 대해서만 연간 700만 원 정도의 연봉을 주어야 합니다. 이를 전국의 여성 인구에 적용한다면? 한국 국내총생산의 약 25퍼센트에 해당하는 돈이 됩니다. 만약 양육과 노후 돌봄을 노동시장의 평균 임금대로 보상한다면? 아마도 국내총생산에 해당되는, 어마어마한 돈이 되겠죠. 그러나 사회는 여성의 모든 노동에 값을 지불하지 않습니다. 가부장제 자본주의 사회에서 진정한 양성

평등이 불가능한 이유는 바로 여기부터입니다.

여성의 무임금 노동을 금전으로 환산하여 사회적 임금으로 충분히 보상하는 나라는 아쉽게도 아직 어디에도 없습니다. 젠더 불평등이란 자본주의의 고유한 특징인 만큼 당연한 일이죠. 그래도 많은 사회가 이 문제를 인식하여 나름의 '대책'을 세웁니다.

한국 남성의 하루 평균 가사노동시간이 약 18분이라면, 노르웨이 남성의 경우는 약 두 시간 36분 정도입니다. 이렇게 차이가 나는 이유는 간단합니다. 노르웨이의 고용주들은 더는 근로자의 비근무 시간을 식민화할 수 없기 때문입니다. 쉽게 이야기하면, 단 1분도 무료 잔업을 시킬 수가 없는 것이죠. 회식 따위의 개념도 없습니다. 상당수의 관공서는 3시에 일이 마감되고, 학교는 4시면 교직원이 거의 남아 있지 않습니다. 남자든 여자든, 약 5시까지 귀가하지 않으면 이상하게 여겨질 정도죠. 그래야 문제 해결은 어렵더라도 '보완책'이라도 되니까요. 거기에다가 여성에게는 각종 역차별 정책이 시행됩니다. 여성이면, 예컨대 학교에서 교수 임용 경쟁 시에 가산점이 붙습니다. 당연히 가사노동이나 육아 노동 부담으로 남성 경쟁자와 논문 편수에서 차이가 생길 수도 있으니, 이를 가산점으로 커버해야 한다는 것이죠. 하지만 한국 대학에서는 교수 임용 시에 여성을 위한 역차별 정책을 시행했다는 말을 들어본 적이 없습니다.

코로나19로 학교들이 문을 닫아 전국의 아이들이 워킹맘들의 24시간 일감이 되었었죠. 그렇다고 해서 그 워킹맘들의 직장 일을 누가 줄여주었나요? 사실 양성 평등 정책 차원에서 당연히 워킹맘의 업무를 줄여주었어야 하지만 그렇게 해준 직장이 있었나요? 불문가지(不問可知)의 일입니다. 그러니 제게 놀라운 것은 한국의 세계 최저 출산율, 즉 0.9 수준의 출산율이 아닙니다. 제게 놀라운 것은, 이와 같은 반여성적 환경에도 아직까지 아이들이 태어난다는 것, 즉 출산율이 아예 0이 되지 않았다는 것입니다. 물론 경향적으로는 지금도 떨어지고 있고, 앞으로도 떨어지겠지만요. 무임금 노동 착취도 유분수지요. 국가와 자본에게 새로운 '병역 대상자와 노동자'들이 필요하다면 육아 노동을 둘러싼 '조건'부터 본질적으로 달라져야 합니다.

한국인 되기

제가 한국에 갈 때마다 이런 일이 한두 번이 아니었습니다. 가령 환전할 때 제 (한국) 여권을 창구에 내밉니다. 창구에서 일하시는 분은, 한글로 적힌 여권을 뻔히 보면서도 제게 꼭 '어느 나라 사람이냐'고 묻습니다. 한글 여권을 발행하는 나라는 세상에 딱 두 개이고 북한 사람의 한국 왕래가 아직 자유롭지 않은 상황이니, 제 국적이 어디인지는 사실 자명하지 않습니까? 그런데도 '어느 나라 사람이냐'고 묻고, 가끔은 아예 두 번 묻기도 합니다. 그런 일을 19년 동안 수백 번 당하고 나서 한 가지를 깨달았습니다. 대한민국에서는 '한국 여권 보유자'와 '한국 사람'이 동의어가 아니라는 사실을 말이죠. 한국 여권을 발급받는 '태생적 타자'들은 최근 그 수가 늘었습니다. 단, 그들이 '한국 사람'으로 의식되느냐, 아니면 별도의 다른 범주로 분류돼 '우리에 속하면서도 속하지 않는' 이중적 존재 형태를 강요받느냐는 별개의 문제지요.

64

이게 한국만의 문제냐 하면, 절대 그렇지 않습니다. 특히 그들의 '태생적 소속'과 새로이 획득한 소속 사이의 인종적 거리가 멀 경우 사회적 소속을 바꾼 타자들은 흔히 '불완전한 사회 구성원'으로 대접받습니다. 특히 보수층에게는 말이죠.

지난번 한국계 2세 CIA 요원과 트럼프 미국 대통령의 일화를 기억하시죠? 사실 제가 환전소 창구에서 맨날 당하는 곤욕과 좀 비슷한 형태의 일이었습니다. 북한 등의 문제에 대해 '보고'하기 위해 트럼프를 만나야 했던 한국계 CIA 여성 요원에게 트럼프가 제기한 첫 번째 질문은, "당신은 어디로부터 왔느냐"였습니다. 한국계 요원은 사실대로 "뉴욕에서 왔다"고 답했습니다. 사실 그녀와 뉴욕 태생인 트럼프는 '태어난 곳'이 같았던 겁니다.

그러나 트럼프가 묻고 싶었던 것은, "본래 당신의 부모, 그러니까 조상이 어디에서 왔느냐"였습니다. 그러니 아무리 뉴욕 태생이고 미국 시민권자라고 해도, 아무리 미국에 대한 충성심 등을 철저히 심사받고 CIA에 들어갔다고 해도 그녀는 트럼프에게 '미국 사람'이라기보다는 '한국계' 이민자 2세였습니다. 한글 여권을 보여도 '어느 나라 사람이냐'는 질문을 계속 듣게 되는, 저같이 한국에서 태어나지도 않은 사람마저도 좀 묘한 감정을 느끼는데, 인종적 '다름' 탓에 태생적 '소속'마저도 의심받아야 하는 그 한국계 2세 여성은 얼마나 슬프고 분노했을까, 싶습니다.

인종적 타자들의 사회적 통합 문제는 몇십 년 후에 백인들이 '소수'가 될지도 모르는 미국보다는 노르웨이같이 아직도 '다수의 주류 백인'이 주도하는 사회에서 훨씬 더 심각합니다. 미국에서는 이민자들과 그 후손들이 '어느 나라 또는 어느 지역 출신 미국인'이라고 범주화되지만, 노르웨이에서는 아예 '2세 이민자(andregenerasjons innvandrer)'라고 불립니다. 예컨대 노르웨이에서 태어나 자란, 노르웨이어를 모어로 하는 제 아이들은 '2세 이민자'에 속하는 것이죠. 그들은 이민 온 적이 없고 노르웨이에 '태생적으로' 소속되어 있는데도 말이죠. 본인이 원하기만 하면 '2세 이민자'들은 비교적 쉽게 노르웨이 여권을 발급받을 수 있습니다. 하지만 여권이 나와도 명칭은 똑같죠.

그런 명칭이 부여되면, 아이들은 학교에서 해마다 '혹시 강화된 또는 개인화된 노르웨이어 지도가 필요하냐'는 질문을 받게 되죠. 제 아이의 노르웨이어와 그 교사의 노르웨이어는 누가 들어도 아무런 차이가 나지 않는데 말이죠. 공식적으로는 '배려 차원에서' 그런 명칭을 사용한다고 하지만 제가 묻고 싶은 것은, 예컨대 네덜란드에서 와서 노르웨이 여성과 결혼한 제 동료의 아이들은 왜 누구에게도 '2세 이민자'라고 불리지 않느냐는 거죠. 반면 같은 네덜란드에서 왔지만 베트남 여성을 배우자로 맞은 제 다른 동료의 딸은 항상 '2세 이민자'로 불립니다. 그러니까 '외관상 식별되느냐'가 2세 이민자로 범주화되느냐의 기준인 셈이죠. 그러면 외관상 '반쪽 한국인'인 제 아이가 저의 손자손녀를 낳아 그들도 '주류'와 '외관상 식별'이 된다면 그들은 '3세 이민자'로 평생을 보내야 하는 것인지 궁금하기만 합니다.

한국만의 문제는 절대 아닙니다. 근대 국민국가, 근대적 세계 체제의 '태생적 동반자'라고 할 수 있는 인종론, 인종적 '외모' 구분, 인종적 타자에 대한 '내부자로서의 인정 거부'나 '불완전한 인정' 등과 같은 문제를 성공적으로 극복한 사회는 어디에도 없습니다. 한국보다는, 예컨대 일본에서는 이 문제가 훨씬 심각합니다. 그래도 이 문제의 심각성을 인식하는 많은 사회들은 인종적 타자에 대한 '통합' 쪽으로 나름 많은 노력을 경주합니다. 인구의 자연 재생산이 이루어지지 않는 노르웨이 같은 경우에는 이민이라는 이름의 '수혈'로 미래를 버텨야 하고, 특히 아시아나 동유럽계 고학력 인력과 숙련공이 필요할 거라는 총자본의 속셈이 있겠지만, 어쨌든 노력을 합니다. 최근 오슬로에 시립 박물관인 '이민 역사 박물관'이 들어서고, 정당마다 당수나 부당수 등 주요 당직자를 꼭(!) 이민자로 발탁하고, 보수 내각조차도 문화부 장관을 파키스탄계 이민자로 등용하고⋯⋯. 만약 누군가 제 아이들에게 인종적 모욕을 가하면 가해자를 고소할 수 있는 형법 조항도 있습니다.

그러면 대한민국은? 이민 박물관의 경우 대한민국에서는 비한국인의 한국으로의 이주가 아닌, 한국인의 해외 이주를 주로 다룹니다. 이민자 정치는? 현재 이자스민 전(前) 의원의 대담한 시도가 거의 유일하다시피 하죠. 하지만 이자스민 전 의원이 인터넷 댓글로 당하는 끔찍한 인종적 모독을 보고 있노라면, 그녀의 계속되는 시도가 존경스러울 뿐입니다. 인종주의적 모욕을 퍼붓는 사람들을 처벌하는 방법은? 모욕죄가 적용 가능할지 몰라도 인종 차별을 포함한 포괄적인 차별 방지법은 노르웨이 등과는 달리 대한민국에는 아직 없습니다. 사회 통합의 과제 자체가 지난한 데다가, 여도 야도 그 방향으로 경주하는 노력은 아직 미미한 수준입니다. 이는 제가 한국의 장기적 미래에 대해 크게 걱정하는 이유 중 하나입니다. 인종을 초월한 사회 통합 없이는 그 어느 사회도 궁극적으로 미래가 없으니까요.

가족의 종말

요즘 재미있는 일을 경험했습니다. 오슬로에서 박사 후 과정을 이수하고 지금은 중국 항저우의 절강대에서 교수 발령을 받은 옛 동료가 결혼했다는 소식을 접했습니다. 저희 학과 교원들이 함께 노르웨이어로 결혼 축하 노래를 불러 축하 영상을 만들었습니다. 이 결혼 축하 노래는 노르웨이에서 상당히 오래전부터 전해 내려온 일종의 전통 노래인데, 40세 이상의 교원들은 다들 잘 알고 있었습니다.

하지만 40세 이하의 교원들은 가사를 잘 몰라서 같이 부르기가 힘들었습니다. 노래를 모르는 이유를 물어보니, 본인은 물론 본인이 속하는 세대에는 '결혼'이 거의 없기 때문이라고 했습니다. 보통 동거를 하거나, 아예 동거 없이 틴더(Tinder) 같은 데이팅앱으로 만나는 '다양한 이성'과 성적 욕구를 충족시킨다는 거죠. 이 말이 머리를 떠나지 않아 나중에 통계를 확인해보니 정말 그랬습니다. 덴마크의 1인 가구 비율이 37퍼센트라면 노르웨이는 아예 41퍼센트에 달해 거의 세계 최고에 가까웠습니다. 그리고 20~30대의 경우 결혼은 그야말로 드물고 1인 가구나 동거가 대부분을 차지했습니다.

그런데 노르웨이를 굳이 들먹일 필요도 없이 우리 대한민국도 아주 빠른 속도로 1인 가구의 대국이 되어가고 있습니다. 제가 한국을 떠났던 2000년에는 전국의 1인 가구 숫자가 약 200만 호 정도였습니다. 그중 다수는 저학력 빈민층과 독거노인이었고요. 그때부터 그 수는 약 2.5배가 늘어나 2019년에 전체 가구의 30퍼센트가 1인 가구였습니다. 이런 증가세를 보면, 저학력과의 관계도 거의 없어진 듯합니다. 39세가 되어서도 미혼 또는 비혼으로 남는 여성은 20퍼센트, 남성은 33퍼센트입니다. 그리고 2000년과는 달리 그중 다수가 대졸이죠. 지금 추세대로라면 20~30년 후에는 싱글들이 다수를 차지하고 '혼밥'과 '혼술'이 아예 당연지사가 되는, 그런 사회에서 살아갈 것입니다. 사실이건 농촌사회에 남은 신분 질서의 잔재 청산(1950년대), 도시화와 농촌의 고령화(1960~90년대), 대학 진학의 일반화(1990~2000년대) 등에 이어 한국에서 진행되는 네 번째의 커다란 사회적 혁명입니다. 이 혁명이 아마도 21세기 중반의 대한민국 모습을 결정지을지도 모르겠습니다.

노르웨이와 한국은 아주 상이한 사회인데도 이렇게 한 방향으로 가는 것을 보면 이것이 모종의 세계적 추세라고 해야겠죠? 물론 그런 추세의 사회경제적, 문화적 배경은 노르웨이와 한국이 조금 다릅니다.

제가 개인적으로 아는 노르웨이의 20~30대 싱글들은 대부분 주택을 소유하고 안정된 직장에 다닙니다. 그들이 가정을 만들지 않는 이유는? 후기 자본주의 사회의 '달콤한 맛'을 좀 더 즐기기 위해서죠. 양육 대신 여행, 외식, 별장이나 요트 구입 등에 돈을 쓰는 것입니다. 그리고 '관계'에 들어가는 감정적 비용을 줄이려는 것이고요. 이혼 시의 재산 분할도 피하려는 듯합니다. 게다가 결혼 내지 동거와 같은 장기 파트너십일 때는 파트너에게 이런저런 '배려'도 해야 하고요. 기분 나쁠 때는 달래주고 힘을 주고 이런저런 일들을 거들어주고……. 이미 모든 것을 계산하고 손익으로만 보려는, 신자유주의하에서 살아온 세대에게는 이런 배려도 비용으로 보입니다. 그들은 성적 욕구를 충족시키고 싶어 하면서도 장기 파트너십에 따르는 '부담'은 절대 지지 않으려고 합니다. 그래서 그때그때 파트너를 바꿈으로써 '의리 차원에서' 그다지 해주어야 할 것이 없는 관계를 맺는 거죠.

반면 대한민국의 '연애 포기 세대'는, 직접 지켜보시는 분들이 저보다는 잘 아시겠지만, 후기 자본주의의 '달콤함'보다는 '쓰라림'에서 나온 것입니다. 일을 마치고 집에 돌아오면 파김치 상태입니다. 연애할 시간과 에너지가 없을 뿐만 아니라 아예 성욕 자체를 느끼지 못하는 경우가 비일비재합니다. 거기에 직장 및 주거 불안까지 가세하죠. 노르웨이에서는 누군가와 같이 산다는 것이 '부담'이라면 한국에서는 '사치'입니다.

루트는 조금 다르지만 목적지는 하나, 즉 혈혈단신으로 사는 것이 기본인 사회입니다. 물론 이것이 한탄할 일만은 아닙니다. '전통적 가정'은 매우 억압적이었고, 때로는 치명적으로 위험하기까지 했습니다. 참, 지금도 마찬가지죠. 대한민국은 세계적으로 살인율이 비교적 낮은 사회입니다. 최근 몇 년간의 통계를 보면 연간 살인 건수는 약 200여 건 정도죠. 그런데 그중 70~80건은 남성 배우자나 연인에 의해 여성이 살해당한 사건입니다. 그러니까 여성에게는 '캄캄한 뒷골목'보다 자택의 안방이 더 위험할 수 있다는 것이죠. 살인까지 가지 않아도 결혼 관계에서 벌어지는 물리적, 정신적 폭력의 빈도를 여러분도 잘 아실 겁니다. 그러니 '싱글 사회'는 어쩌면 가정을 기반으로 하는 사회보다 덜 폭력적일 수도 있겠다는 생각이 듭니다. 불평등한 가사 분담에 의한 착취도 줄어들 것이고요.

하지만 '싱글 쓰나미'가 몰고 올 위험성도 아주 큽니다. 노르웨이는 노인을 위한 장기 요양 시스템이 잘되어 있어서 '혼자 사는 나를 돌봐줄 사람이 없을지도 모른다'는 걱정을 하지 않아도 되지만, 한국은 3포 세대인 현재의 20~30대가 노후를 맞으면 심각한 돌봄 문제가 나타날 것입니다. 그것뿐인가요? 노르웨이에서는 공공 의료의 일부로서 심리 상담이 무료입니다. 그러니 '화려하게 생을 즐기는' 싱글에게 갑자기 고독감이 닥쳐와 계속 살아가기가 힘들어지면, 그는 적어도 돈을 들이지 않고 누군가와 '말'이라도 나누고 자신의 고독감을 고백할 수라도 있을 것입니다. 하지만 한국에서는 무료가 아니고 국민의료보험이 일부만 부담해줍니다. 그마저 대개는 정신신경과의 상담보다 약물 치료를 선호하는 듯합니다. 서울 인구는 노르웨이 인구보다 두 배나 많지만, 외로운 사람은 오히려 커다란 도시에서 더 절망적으로 외로울 듯합니다.

평가를 어떻게 하든 사실은 사실입니다. 신자유주의의 폭풍 노도 속에서 '가정'은 점차 침몰하고 있습니다. 수만 년의 인류 역사에서 최초로 '혼자'가 기본인 새로운 세대가 탄생했습니다. 그렇게 개개인의 인간적 접촉면이 줄어드는 만큼 우리에게 필요한 것은 '배려의 사회', '따뜻한 사회'입니다. 외로운 사람이 어디에선가 눈물 섞인 고백을 쉽게 할 수 있는, 그리고 외로운 사람이 아프고 늙어도 그를 돌봐줄 수 있는 그런 사회가 필요합니다. 이 시대에는 포괄적인 보편 복지가 기본이고 필수입니다. 대한민국이 그런 사회로 가지 않으면 지금보다 더한 '헬'이 될 것입니다.

섹스의 실종

저는 직업적으로 좀 어려운 입장에 처해 있습니다. 지역학의 한 종류인 한국학을 가르쳐야 하기 때문에 강의 중에는 모종의 '한국적 특수성'들을 강조해야 하는데, 사실 현대사회에서 인간의 삶이란 한국이든 어디든 엇비슷해서 문제입니다.

인간 생활의 기초는 '의식주'입니다. 그런데 '의'의 차원에서 어떤 지역적 특수성을 찾기는 이미 불가능에 가깝습니다. '식'은요? 여전히 대부분의 산업화된 고소득 사회에 비해 한국인들은 건강에 좋은 과일들을 덜 먹습니다. 연간 1인당 과일 섭취량은 한국 66킬로그램, 노르웨이 140킬로그램, 캐나다 135킬로그램 정도입니다. 과일, 육류, 유제품 등의 섭취량은 늘고 있지만, 소득계층에 따라 편차가 너무 큽니다. 저도 한때 한국에서 반지하 방에 살았습니다. 그 동네에서는 과일 섭취가 많이 위축돼 있었죠. '주'는요? 일단 우리 대한민국은 주택 소유율이 세계적으로 많이 낮은 편입니다. 제일 높은 곳은 공산당 치하에서 인민들에게 주택을 무상 분배했던 사회들이죠. 그러니까 루마니아의 주택 소유율이 96퍼센트로 세계 최고입니다. 러시아는 84퍼센트, 노르웨이는 82퍼센트이고, 한국은 53퍼센트 정도, 일본은 61퍼센트 이하입니다. 한국에서는 47퍼센트의 가구가 셋집살이를 한다는 이야기죠. 한국에서는 '사회주의'가 나쁜 것으로 인식되지만, 사회주의야말로 셋집살이를 하는 사람들에게 월세나 전세 부담으로부터의 해방을 뜻합니다. 북한 관련 통계는 없지만, 루마니아 정도로 셋집살이가 드물지 않을까 싶습니다. 주택 분배 정책의 효과죠.

어쨌든 나라마다 특징들이 있지만, 그래도 한국인의 의식주는 '특수'보다는 '보편'에 가깝습니다. 과일을 덜 먹는 나라(우크라이나, 1인당 연간 61킬로그램)나 주택 소유율이 좀 낮은 나라(덴마크, 62퍼센트)는 한국 말고도 많습니다.

그런데 굳이 제 학생들의 주요 출신지인 (북)유럽과 비교하면, 한국인의 '평균적' 삶에는 매우 확실한 한 가지 '특수'가 있습니다. 섹스를 안 해도 너무 안 한다는 거죠. 사실 '안 한다'는 말에는 좀 어폐가 있습니다. 성생활이 생물의 본능인 이상 그걸 '안' 한다는 것은 대개 상황상 '못' 한다는 의미입니다. 앞서 이야기한 제 반지하 시절의 이웃들이 과일을 '안' 먹은 것이 아니라 '못' 먹었듯이요. 그러면 '상황상'의 상황이 무슨 상황이냐고요? 일단 한국의 경우 성생활을 시작하는 평균적인 연령대가 대단히 높은 편입니다. 병영 사회의 원형에 더 가까웠던 1980년대에는 남성이 22세, 여성이 25세였다면, 지금은 남성이 20세, 여성이 21세 정도입니다. 그나마 지금껏 한국 청년들을 꽉 잡고 있었던 '군기'가 조금 풀리기 시작한 셈이죠.

그럼에도 통계적으로는 한국인이, 예컨대 북유럽인에 비해 훨씬 늦게 성생활을 시작합니다. 노르웨이에서는 성생활을 시작하는 평균 연령이 17세입니다. 서구에서는 그 정도가 '보통'이죠. 제 아이가 다니는 고등학교의 학생들 중에 절반 정도는 이미 성경험이 있습니다. 한국 고등학생들의 신체 구조나 성적 충동의 빈도가 과연 그리 다를까요? 특별히 다를 리가 없죠. 그냥 학교의 규율주의('이성 교제'를 규제하는 구식의 학칙 등)가 아직 곳곳에서 남아 있는 데다가 입시 스트레스가 하도 심해서 성적 충동이 일어나도 자위로 끝나곤 하는 것입니다.

그렇다면 성적 충동에 대한 억압은 자연스러운 걸까요? 또한 개인의 성장에 도움이 될까요? 전혀 그렇지 않습니다. 그냥 그걸 통해서 신체의 자연스러운 욕구들을 늘 억제할 줄 아는 '유순하고 성실한 노동자'를 만들어내는 셈이죠.

그런데 학창 시절에 성적 충동을 자제하는 것은 '섹스 트러블'로만 끝나지 않습니다. 대학 시절의 로맨스가 옛이야기가 되어버린 지 오래됐고, '연애, 결혼, 출산' 포기는 'n포 세대' 같은 유행어로 굳어졌습니다. 사실 대학생이란 존재는 이미 사라진 것이죠. 신자유주의 모범 국가의 대학생은 기본적으로 취준생, 즉 취업준비생입니다. 늦어도 대학 2학년부터 본격적인 취업 준비가 시작되기에, 로맨스의 꽃을 피울 여유가 없습니다. 제 학생들 중에는 이미 연인과 동거를 시작하여 아이를 낳은 친구들이 제법 있습니다. 그들은 학교 부속 유치원에 아이를 데려다놓고 수업에 들어오곤 합니다. 노르웨이에서는 자주 볼 수 있는 광경이지만 한국에서는 다른 행성 이야기로 들리겠죠.

그런데 대학이라는 간판을 내건, 사실상의 취업 학원을 졸업해도 '섹스의 자유'는 주어지지 않습니다. 기업은 한국인의 삶을 전적으로 식민화하기에, 한국인이 집에 파김치 상태로 돌아오는 것은 당연한 일입니다. 그나마 당장 쓰러지지 않고, 텔레비전이나 인터넷을 볼 힘이라도 남아 있으면 다행이죠. 그런 삶에는 섹스가 '사치'로 느껴집니다. 부부라 해도 말이죠. 한국 부부의 36퍼센트가 섹스리스입니다. 일본(47퍼센트)보다는 아직(!) 나은 수치지만 갈수록 섹스리스 부부가 늘어나니 일본을 따라잡는 날도 머지않겠죠.

부부가 아니더라도 섹스할 에너지가 남아 있지 않은 것은 마찬가지입니다. 전체 성인 남녀의 38퍼센트가 섹스리스니까요. 섹스를 한다고 해도 차라리 하지 말아야 할 방법으로 하는 경우가 수두룩합니다. 한국인 남성의 절반 정도가 성 구매 유경험자들입니다. 산업화된 사회에서는 '최악'에 가깝죠. 아무래도 이건 여성을 재화로 보는 마초주의가 아직 강한 데다가 연애 등의 '절차'를 모두 생략하고 싶어 하는, 늘 만성적인 피로 외에는 아무 것도 느끼지 못하는 '기업 국가' 시민들의 '사정'인가 봅니다. 어 쨌든 일본 다음으로 섹스리스 부부가 많은 대한민국은 세계 6위 의 엄청난 성매매 '시장'입니다. 성생활이 이런 방식으로 이루어 지는 것이 과연 정상적이고 바람직할까요?

인간을 생활적으로, 생물학적으로 규정하는 것은 의식주와 잠 그리고 섹스입니다. 각 사회의 성 풍속도는 해당 사회의 가장 근본 적인 '성격'을 그대로 반영합니다. 한국 사회의 '성'을 보면서 한 국 사회에 대해 뭐라고 판단하게 될까요? 한국인들은 어린 시절 부터 매우 억압적인 방식으로 고강도의 장시간 학습 노동에 적응 합니다. 이는 자본에 '유순한 노동자'를 만들어내는 과정이죠. 이 후 한국인들은 개인 시간도 별로 없이 자본에 종속되게 됩니다. 섹 스를 제대로 즐기려면 '여유'를 가져야 합니다. 하지만 모든 것이 인간이 아닌 기업 위주로 짜여 있는 사회에서 기업의 임금 노예에 게 무슨 여유가 있을까요? 한국 사회는 유사 강간인 성 구매에 들 일 금전적 여유는 있을 수 있어도, 정상적인 연애나 성생활을 유 지할 만한 여유는 결단코 주지 않는 사회입니다. 이런 사회가 1인 당 국민소득이 4만 달러가 되고 5만 달러가 된다고 해서 과연 세 계 최저의 출산율과 세계 최악의 자살율에서 벗어날 수 있을까요?

그들은 바보인가

저는 그들을 가끔 인터넷 공간에서 만나곤 합니다. 아주 드물게는 국내에서 강의할 때 청중 가운데서도 만나죠. 그들은 보통 10대 후반부터 20대 후반 또는 30대 초반까지의 연령대입니다. 계급적 배경은 주로 하층부터 중산층의 중간 레벨까지입니다. 중산층 이상의 많은 남성들도 그들과 유사한 사고방식을 간직하긴 하지만, '있는' 사람들은 여유로운 만큼 별로 '분노'하지 않습니다. '있는 남자'들은 '페미니즘' 등을 조용히 멸시하고 '#미투 운동'을 '꽃뱀들의 행진'이라고 야유하죠.

그런데 제가 가끔 만나서 대화를 나누는 남성들은 다름 아닌 '화난 남성'들입니다. 그들은 분노합니다. 그런데 그들은 자신들을 초과 경쟁 사회(한국인들은 하루 평균 대여섯 시간만 자고 세계에서 누구보다 많이 일하죠)의 '인간 병기'로 만들어버린 신자유주의나, 그들의 귀중한 인생에서 2년의 시간을 빼앗은 잔혹한 군대에 분노하는 것이 아닙니다. 대신 그들은 '여가부에 돈을 퍼붓는' '좌파 정권'을 욕하고 페미니즘을 목청껏 성토합니다. 그들 대부분은 북한이라는 한국 극우의 전통적인 혐오 대상에 대해서는 그다지 호의적이지 않지만, 놀랍게도 그렇게까지 적대적이지도 않습니다. 오히려 '우리 민족'이라고 나름 좋게 생각해주는 것 같기도 합니다. 그들의 사고 지형에서 북한 대신 '절대악'의 위치를 차지해버린 것은 워마드와 메갈리아이기에 이런 여유가 가능한 것이죠. 여기서 그들이란 한국의 '성난 남자'들입니다. 요즘 자유주의 정치인들의 지지율까지 깎아버리는, 바로 그 '성난 남자'들 말이죠.

생각해보면 웃기지도 않는 이야기죠. 남자가 '피해자'라고? 산업화된 국가 가운데 가장 반여성적인 것으로 알려져 있는 나라, 여성의 평균 임금이 남성의 63퍼센트에 불과하고 여성에게는 그야말로 지옥이 되어버린 이런 사회에서 남성들이 '피해자 코스프레'를 하면 처음에는 거의 반신반의할 정도입니다. 그런데 그들의 말을 듣다 보면 분노의 '뿌리'를 대략 이해하게 됩니다. 일단 그들 앞에서 여자들은 나름대로 입장을 조금씩 강화해가고 있습니다. 그나마 고용 관계에 여전한 불평등에 대해서는 어떻게든 고쳐야 한다는 사회적 공감대가 형성되어 있습니다. 한때 낙인이었던 '이혼녀'는 더는 낙인이 아니고, '혼전 순결' 따위의 말은 슬그머니 여론 공간에서 사라졌습니다. 싱글 여성에 대한 편견도 많이 나아졌고, '아이를 가져야 한다'는 강박도 과거보다 훨씬 덜해졌죠. 일단 더디긴 하지만, 여성 해방이 대세라는 것을 누구나 실감합니다. 대통령이 나서서 '#미투'를 지지한 것도 바로 이와 같은 '대세 감각'이 반영된 거죠. 가부장제는 빨리 쓰레기통에 처박혀야 할 역사의 유물이라는 것을 누구나 아는 겁니다.

그런데 그에 비해 남자는? 본래 한국 남성의 기본적인 정체성은 뭘까요? '군인'도 있고("군대 갔다 와야 남자다") '국민'도 있지만, 일차적인 것은 바로 '가족 부양자'입니다. 한국 사회에서 일차적으로 '처자식을 먹여 살리는 사람'은 '남자 노릇'을 하는 사람입니다. 가장이 '처자식'의 의식주를 해결해주지 못하면 한국 사회는 아내의 가출도 절대 나쁘게 보지 않습니다. 가족 관계를 포함하여 남성의 모든 사회적 관계의 전제조건은 바로 '경제력'이니까요. 이건 철저히 자본주의적인 한국 사회의 철칙 중 철칙입니다.

문제는, 바로 이 '남자의 기초적 조건'을 갈수록 수많은 젊은 남성이 충족시키지 못한다는 겁니다. 신자유주의 사회에서는 청년층과 노년층이 가장 큰 피해를 보게 되어 있습니다. 이와 같은 신자유주의의 보편적 특징은 한국 사회에서 가장 심하게 나타나고 있고요. 군대에 갔다 오고 대학원과 외국어 연수라는 성지순례(?)까지 모두 마쳐도 서른이 되도록 계속 '자리'를 잡지 못하고 이런저런 단기 비정규직, 심지어 '알바' 자리를 전전하는 젊은 남성들이 수두룩합니다. 결혼 즉시 부모가 얻어준 아파트에서 신혼 살림을 꾸리고 '돈 잘 버는 확실한 일자리'를 통해 아이의 사교육비도 문제없이 내주는, '모범적인 30대 초반의 한국형 남성'은 가면 갈수록 '예외'가 되어갑니다. 상위 20~25퍼센트를 제외하면 그런 사람을 보기가 점점 힘들어지죠. 그렇게 '그들'이 얻는 것은 그나마 나름의 '지위 향상'을 경험한 여성에 대한 상대적 박탈감입니다.

여기에서 당연한 질문이 하나 떠오릅니다. 도대체 한국 남자들은 바보인가요? 신자유주의가 상황을 악화시켰다면 신자유주의를 상대로 투쟁하고 노동당이나 정의당에 대량 가입해야 답이죠. 신자유주의로 인해 남성보다 훨씬 많은 피해를 보는 여성들에게 도대체 왜 한풀이를 하는 것일까요? 강자에게 얻어맞고 약자를 때리는 것이 말이나 됩니까? 물론 안 되죠.

트럼프를 대통령으로 만든 미국 남부 백인들에게도 같은 질문을 던지고 싶습니다. 경제적 지위를 따져보면 버니 샌더스를 찍고 미국이 복지국가가 되도록 투쟁해야 할 그들이 도대체 무엇 때문에 백인 백만장자를 찍은 걸까요? 수많은 사회학자에 따르면, 남부 백인은 신자유주의에 따르는 고통보다는 주관적인 '특권 상실'을 아프게 느끼기 때문에 트럼프가 '백인의 특권'을 강화해줄 것을 기대하고 그를 찍었다는 것입니다.

페미들'에 대한 혐오 하나로 자한당(현 국민의힘)에 투표하려는 한국의 젊은 중하위층 남성들도 마찬가지입니다. 그들은 'xx 달린 사나이'로서의 특권, 다시 말해 페니스 하나가 여태까지 한국 사회에서 보장해주었던 특권의 잠재적 상실을 더욱 두려워하는 것입니다. 한국의 '페니스 파시즘'은 미국의 백인 특권과 마찬가지로 여전히 상당한 위력을 발휘하고 있고, 당장에 '상실'될 일이 없는데도 그들은 그 특권이 약화되는 '경향'에 위기감을 느끼고 극우화하는 것이죠.

당연히 그들에게 남성 우월주의적 사고의 허위성과 반사회성을 열심히 설득하고, 계급적 이해관계에 기반한 '연대'를 외쳐야 합니다. 그런데 미국의 많은 '가난한 백인'에게도 그런 계급론적 설득이 쉽게 먹히지 않듯이, 국내에서도 절대 쉽지 않을 것입니다. 국내의 '페니스 파시즘'은 미국의 인종주의만큼, 아니 그 이상 강고하니까요.

추태의 수출

저는 한국 사회와 정치에 대한 수업을 할 때면 1970년대의, 속칭 '기생 관광'과 그에 대한 반대 운동을 빼먹지 않고 이야기합니다. 이유는 아주 간단합니다. 기생 관광이라는 현상에는 당시 한국 사회와 정치의 모습이 그대로 담겨 있기 때문입니다. 일본을 '개발'의 모델로 생각하는, 옛 일본군 장교가 독재자가 되어 운영하는 국가는 대형 '포주'가 되어 여성을 '외화벌이'의 도구로 이용했습니다. '포주 국가'는 성매매 피해 여성들에게 '여러분은 진정한 애국자'라는 국가주의적인 언어로 상황을 호도하면서도 그들의 인권은 안중에도 없었습니다. 개발 독재의 민낯이죠. 당시 기생 관광 반대 운동을 했던 사람들의 일부는 나중에 '위안부' 성노예 인권 운동을 전개하는 등 한국 여성 운동의 중요한 한 축이 되었습니다.

　그런데 1980년대에 들어 일본인들의 기생 관광이 저절로 줄

어든 것은 반대 운동의 효과만은 아니었습니다. 대한민국 정부와 업소는 동남아시아와의 가격 경쟁에서 패한 셈이죠. 동남아시아에서는 지금도 끝없는 '섹스 관광'의 행렬이 이어지고 있지만, 거기에는 일본인만 참여하는 것이 아닙니다. 이제 대한민국 중산층 이상의 남성들도 독버섯 같은 '성매매 시장'의 큰손이 된 셈입니다.

세상에 이렇게 단기간에 이루어지는 역전도 드물죠. 1970년대 말까지 대한민국은 (주로 일본에서 오는) 섹스 관광객들을 자석처럼 끌어들였지만, 1990년대 초부터 지금까지는 세계 어디를 가든 '원정 성매매'에 나선 대한민국 남성의 발자국을 발견할 수 있습니다. 태국에서는 아예 한국어가 통하는 '한국인 전용' 업소들이 등장했을 정도죠. 동남아시아와 필리핀의 피해가 제일 크지만, 저는 1990년대 러시아에서도 이 현상과 맞닥뜨린 적이 있습니다. 제가 관광 가이드로 아르바이트를 하던 시절, '사장님' 급의 관광객들이 "백마를 타게 해달라"며 제게 계속 성매매 알선을 요구했습니다. 물론 그들의 요구는 소용이 없었지만요. 소련 몰락 직후의 러시아에서 성매매가 번성하기는 했지만 원칙상 여전히 불법이었습니다. 게다가 저 같은 책벌레는 불법행위를 하고 싶어도 할 줄을 몰랐습니다. 성화같은 요구에 시달리면서도 말이죠.

하지만 저와 달리 여성, 특히 고려인 여성에게 여행 가이드란 단명한 직종이었습니다. 관광객들의 음담패설과 노골적인 성추행을 참지 못하고 떠나는 것이 예사였죠. 당시엔 한국어 사전에 '성추행'이라는 단어조차 없었던 걸로 기억합니다. 성추행은 군사화된 남성성이 지배하는 마초 사회에서는 일상이었으니까요. 그 단어는 1990년대 말에 추가됐습니다.

제가 2000년대에 오슬로대에서 학생들을 가르치게 되면서 더는 관광 가이드라는 직종과 인연을 맺을 일이 없었습니다. 하지만 러시아에 가끔 들르면, 1990년대와 같은 현실의 '제도화'가 눈에 띄었습니다. '사장님'들은 더 이상 옛날의 저와 같은 가이드들을 볶아댈 필요가 없어졌죠. 한국인 전용 여행사-한국인 전용 호텔-한국인 전용 노래방과 같은 '성매매 카르텔'이 만들어져서 술자리 이후 '손님'들은 바로바로 같은 건물 안에 있는 '업소'로 '2차'를 갈 수 있었습니다. 한인 업자들이 '오를료녹', '스푸트닉', '살류트' 등 세 호텔의 1층을 임대해 운영하는 노래방을 중심으로 성매매가 이루어졌습니다. 여자들이 방 안에 들어와 앞에 줄지어 서면 한국에서 온 부유한 손님들이 하나하나 여자를 골라 옆에 앉히고 술시중을 들게 하면서 성매매가 시작되는 것이 일반적 행태였답니다.

성매매는 한국에서도 러시아에서도 불법입니다. 그럼에도 실질적인 성매매 장소인 노래방은 러시아 조폭들을 '바지 사장'으로 앉히고, 피해 여성들을 점원이나 청소부 등으로 등록하고는 버젓이 영업했습니다. 그들 여성은 거의 전부 소련 몰락 이후 '외국'이 된 중앙아시아 출신들이었고, 상당수는 고려인 여성이었습니다. 가장 믿기 어려웠던 것은, 이런 성매매 카르텔의 구성원들 상당수가 한인 교회 신도이면서 교포 사회의 '유지급 인물'이었다는 점, 그리고 주러 한국대사관이 이런 현실을 조직적으로 은폐하고 있었다는 점이었습니다. 한국인 유학생들이 러시아의 여성 인권을 위한 모임을 꾸려서 현실을 바꾸어보려고 했을 때 대사관이 바로 나서서 그들을 억눌렀죠. '인권 변호사' 출신인 노무현 대통령이 집권한 시기였고 국내에서 성매매 퇴치 운동이 막 벌어진 시절이었다는 점을 떠올리면 이게 얼마나 가관으로 느껴졌을지 이해하실 겁니다.

한국 남성이 혼자 또는 다른 남성들과 함께 태국이나 러시아를 여행하면 '섹스 관광객'으로 오해받을 수 있는, 오늘날과 같은 현실에는 역사적 배경이 작동됩니다. 한국에서 여성에 대한 상업적 성 착취가 제도화한 것은 일제가 공창제를 도입했던 '근대'입니다. 역대 한국 정권들은 표면상 공창을 인정하지 않으면서도 사실상 미군이나 일본 관광객을 위한 조직적인 성매매 알선을 국가 차원에서 해왔습니다. 그 후 2000년대 중반까지 경찰과 조폭의 '동업' 속에서 인신 매매 또는 감금형 성매매가 번창했습니다. 그 속에서는 주류 남성의 성 의식이 완전히 왜곡되어 여성에 대한, 경제력에 의한 성 착취가 당연시되었습니다. 한국 근대 자본주의적 가부장제의 부산물인 이런 성 의식은 한국 자본의 국제적 부상과 함께 역시 '국제화'되어, 이제는 여러 나라에서 '성을 구매하는 한국인 남성'의 이미지를 고착화했습니다. 아마도 국내에서 남녀 간의 실질적인 경제적 평등이 어느 정도 실현되고, 외모 지상주의와 여성의 성 상품화 등에 제동이 걸리기 전에는 이런 폐단들을 제거하기가 대단히 어려울 듯합니다.

3장 __ 한국, 급級의 사회

급級의 사회

제게 한국말은 아주 익숙합니다. 한국어를 하면, 영어에서 느껴지지 않는 모종의 친근감이 듭니다. 국외에서는 보통 영어 등으로 수업하고 발표해야 하지만, 가끔 국내에서 한국말로 발표하게 되면 어떤 해방감 같은 게 느껴집니다. 아무리 쓰고 싶어도 평소에는 별로 써먹을 기회가 주어지지 않는 언어의 학술체를 맘껏 사용해도 되니까요. 혹시라도 언젠가 국내에서 취업하게 되어도 한국어 강의가 아닌 '영어 강의'가 맡겨질 가능성이 훨씬 크니까, 한국말로 발표할 기회를 정말 소중히 여겨야 합니다. 김대중(1924~2009) 정부 이후 역대 정권의 극진한 보살핌(?) 속에서 학술 언어로서의 한국어는 점차 퇴출을 강요당하고 있으니까요. 토요일마다 블로그에 한국어 글을 한 편씩 올리고 싶은 것도 그래서입니다. 한국말이 그립기는 하지만 별로 사용할 일이 없는 환경 속에서 한국말을 잊어버릴 수도 있다는 모종의 불안감이 들기 때문이죠.

그런데 한국말은 한 가지 차원에서 아주 불편합니다. 보편적인 2인칭 대명사가 없기 때문입니다. 해방 직후 '평등'과 '보편'을 지향하던 북한에서는 보편적인 2인칭 대명사로서 내부자 사이에는 '동무', 외부자에게는 '당신'을 쓰라고 권유했습니다. 그럼에도 거기에서도 일반적인 '동무'와는 급이 다른 '동지'들이 머지않아 탄생했었죠. 그런데 한국에서는 아예 이런 시도조차 없었습니다.

오늘날 한국에서 쓰이는 2인칭 대명사를 아주 거칠게 분류하자면, '-님' 류(부장님, 교수님, 선생님, 기사님 등), '아저씨, 아줌마, 언니, 오빠' 류, '너, 너희' 류 등으로 정리됩니다. 대략적으로 말하면 '-님' 류는 성인들 중에 지배자와 전문가는 물론 일부 숙련노동자까지 포함하고, '아저씨, 아줌마, 언니, 오빠' 류는 미숙련 노동자나 미취업자 또는 비취업자 등을 포함합니다. '너, 너희'는 주로 미성년자와 연하자를 대상으로 하지만 상황에 따라 가장 철저하게 핍박받는 노동자 계층, 예컨대 외국인 노동자들도 대상에 포함될 수 있습니다. 사실 (법적으로 분명히 성인인!) 대학생이 자신의 지도교수를 '교수님'이라고 부르고, '교수님'으로부터 '너, 너희'라는 호칭을 들어야 하는 언어적 상황은, 역학관계의 엄청난 비대칭성을 언어적으로 뒷받침하는 것입니다. 사실 교수님이든 학생이든 행인이든 똑같이 '유(you)'가 되는 언어가 훨씬 편하기는 합니다.

언어만 문제인가요? 언어는 그저 삶의 종합적인 표현일 뿐입니다. 대한민국에서는 아주 어릴 때부터 '국민'들에게 각종 '급'으로 이루어진 사회상(像)을 일종의 '바탕화면'처럼 세팅해놓습니다. 초등학생들이 서로의 '아파트 평수'부터 확인한다는 것을 보면, 이 '불평등한 세계관의 내면화'는 대단히 일찍부터 이루어지는 듯합니다. 그 내면화의 과정을, '등수'를 발표하는 학교와 '너보다 공부 못하는 아이들과 친하게 지내지 말라'고 아이들에게 충고(?)하는 윗세대가 같이 주도하는 것이죠. 결국 부모의 아파트 평수'순(順)'과 학교에서의 성적'순'은 각자의 학벌과 직장의 '급'으로 이어지고, 그때쯤에는 '급부터 알아보고 거기에다 관계의 친소(親疎)와 말의 높낮이를 맞추는 것'이 인생을 살아가는 '기본 기술'이 됩니다.

여기에서 대한민국 선남선녀의 특기인 '호구조사'가 유래하죠. 일단 모르는 사람을 만나면 나이, 학력, 고향, 학벌, 직장, 직급부터 알아놓는 것이 '기본 중의 기본'입니다. 우선 '님'인지 '아줌마'인지 '아저씨'인지를 알아야, 그리고 '님'이라면 무슨 '님'인지를 알아야 말의 높낮이를 맞출 수 있습니다. 고향과 학벌 등은 관계 설정에서 친소를 결정짓고요. 외국인이나 해외 동포라면 국적과 거주국도 '급'이 되죠. 재미 교포과 중국 동포를 대하는 방식이 얼마나 다른지를 군이 언급할 필요가 있을까요?

그러니까 우리 대한민국에는 그냥 '사람'이 없습니다. 삶의 '급'이 다르고, 그에 따라 죽음의 '급'마저도 달라집니다. 중국 동포 건설 노동자가 최악의 조건 속에서 추락 사고를 당하여 고통 속에서 죽으면 기껏 '공사장 잡부 추락사'와 같은 제목을 달고 단신으로 보도됩니다. 그런데 서울대 총장이나 장관을 지낸 사람이 비싼 병원에서 비싼 치료를 받다가 유명을 달리하게 되면 분명히 '전(前)-', '-장(長)'의 별세라고, 훨씬 더 자세하게 보도하겠죠. 무슨 무슨 '대(大)'를 나오지 않은 노동자라면, 백 번 태어났다 다시 죽어도 공론의 장에서 '별세'할 수도 '서거'할 수도 없을 것입니다. 그저 '사망'만 하게 되어 있습니다. 언어란 '급'들의 사회 현실을 그대로 반영합니다.

계급사회는 본래 '급'으로 이루어집니다. 평등이란 태생적인 것이 아니라 역사적으로 만들어지는 것입니다. 무엇보다 근대적 혁명 과정에서 말이죠. 한국의 3.1운동이나 6월 항쟁은 저항 속에서 '님'도 '아저씨'도 '아줌마'도 다 같이 평등한 '시민'이 되는 경험이었지만 그 순간들은 너무 짧았습니다. 그리고 구체제는 저항으로 무너졌다기보다는 저항운동 지도부를 포섭하여 그저 변모·변형되었을 뿐입니다. 그래서 오늘날에도 제가 오슬로대 교정에서 한국 유학생 홍길동을 만나게 되면 다음과 같은 대화가 이루어지지는 못할 것입니다.

"안녕하세요. 길동?"

"안녕하세요. 노자?"

"요즘 잘 지냈어요? 오슬로 날씨는요? 맘에 들어요?"

"참을 만해요. 노자는요? 바쁘죠?"

이런 대화를 별 생각 없이 자연스럽고 당연하게 즐길 수 있으려면 과연 얼마나 많은 항쟁과 운동과 저항의 집단적 경험들이 더 필요할까요.

죽음의 등급

저는 가끔 이 세상이 죽도록 싫습니다. 정말 더는 보고 싶지 않을 만큼 싫을 때가 있습니다. 언제인가 하면, '죽음의 등급'을 실감 나게 지켜볼 때지요. 사람이 사는 데에는 늘 '급'이 있지만 죽는 데에도 그 '급'이 늘 따라다닙니다. 고분에 묻힌 주인공, 그러니까 수장, 추장, 국왕 등의 이름은 가끔 알 수 있지만 그와 함께 순장당한 노예들의 이름은 알 수 없습니다. 그들이 '윗사람'과 함께 의무적으로 이 세상을 떠나야 했을 때의 가슴속 감정 같은 것도 우리가 그저 상상만 해봐야 하는 대목입니다. 수장, 추장, 국왕의 세계는 기록으로 남아 있지만, 노예들의 세계는 익명의 세계, 무기록의 세계입니다.

한국에서는 수많은 사람이 수명을 다하지 못하고 고통스럽게 죽습니다. 적어도 하루에 수십 명이나요. 대부분의 경우 우리는 그들의 이름이나 사연을 아예 알지 못합니다. 언론 보도가 아예 없거나, '가난한 노인의 고독사'에 대해 한두 줄의 단신 보도가 나올 뿐이니까요. 혈육과의 접촉 없이 동사무소에서 나누어주는 쌀과 한 달 40~50만 원의 기초생활수급비로 근근이 쪽방에서 삶을 이어가는 사람이 지병과 우울증 그리고 영양실조로 혼자 임종을 맞이할 때, 과연 무슨 생각을 하면서 이 고해(苦海)를 떠날까 싶습니다. 아마도 어린 시절, 엄마 품 같은 것이 눈앞에 떠오르겠죠?

가난한 노인도 그렇지만, 비정규직 노동자의 산재 사망 역시 대개 '뉴스'나 '애도'의 대상이 되지 못합니다. 김용균 노동자의 죽음처럼 세인의 입에 회자되고 '이슈'화되는 경우도 있긴 하지만, 보통은 보도가 없거나 '폭풍에 공사장 인부 두 명이 추락사했다'는 정도의 단신 보도로 끝납니다. 애도? 애도하기 위해 필요한 '이름'조차 없습니다. 공공 영역에서 '이름' 석 자를 알린다는 것 자체가 이미 '급'이 있는 사람의 특권이니까요. 대한민국에서는 2019년 하루 평균 38명이 스스로 자신의 삶을 끝냈습니다. 상당수는 '생계를 비관'해서요. 그렇게 '쩐의 전쟁'에서 패배한 사람들의 이름은 유가족들만이 압니다.

사람들이 죽고 다치는 큰 사건이 나도, 그 사건을 세상이 기억한다 해도, '급'이 없는 희생자들은 기억되지 못합니다. 2007년, 여수출입국관리사무소의 '외국인 보호소', 즉 가난한 나라 출신의 입국자들을 집어넣는 시설에 큰 불이 났습니다. 외국인

수인들이 살려달라고, 문을 열어달라고 필사적으로 절규했지만, 출입국관리사무소 직원들은 당연히(?) 문을 열어주지 않았습니다. '도주 우려'가 있었기 때문이랍니다. 중국 동포나 스리랑카·파키스탄 노동자가 불길 속에서 타 죽는 것이 도망가는 것보다 낫다는 생각이었나 봅니다. 결국 열 명의 '외노'('외국인 노동자'를 줄인 말이지만 '외국인 노예'로 해석해도 한국적 상황에서는 별로 틀리지 않습니다)들이 불길 속에서 죽었습니다. 한국 정부는 1인당 1억 원을 주고 유가족들과 합의(?)했습니다. 국가적 사과도 재발 방지를 위한 조치도 없었고, 노무현 대통령의 사과나 '애도'도 없었습니다. '애도'하기에는 '급'이 너무 없는 사람들이었겠죠?

노무현 대통령 하니 머리에 떠오르는 기억이 있습니다. 그 시절에는 노동자들이 너무 많이 죽었습니다. 노동자가 억울하게 죽고 투쟁하다 죽으면 우리는 보통 '열사'라고 부르는데, 노무현 집권 초기인 2003년은 '열사의 해'라고 불러도 좋을 만큼 노동자들이 계속 죽어나갔습니다. 저는 지금도 머릿속에 그 이름들을 간직하고 있습니다. 두산중공업 배달호 열사(부당 해고에 맞서 분신), 화물연대 박상준 열사(파업 중 음독), 세원테크 이현중 열사(구사대에 의해 폭행, 사망), 한진중공업 곽재규 열사(정리해고에 반대해 투신)……. 한 해 동안 국가와 자본이 너무 많은 목숨을 앗아갔습니다. 열사들을 노동자장으로 보내도 고관대작이나 유명인 그리고 다수의 일반인은 그들을 애도하지 않았습니다. 고관대작이나 명망가들에게는 '급'이 없는 이의 죽음이 눈에 들어오지 않고, 일반인에게는 이 '열사 정국'에 대한 소식이 별로 알려지지 않았기 때문입니다. '애도'에는 이렇게 여러 가지 조건들이 늘 따라다니죠.

슬픈 이야기가 너무 길어지니 이제 그만 정리해야겠습니다. 이 사바세계를 떠나 육도윤회(六道輪廻)의 길에 들어선 모든 유정들을 당연히 모두 애도해야 합니다. '궁극'의 입장에서 보면 삶과 죽음에는 급이 없습니다. 이건 불가에서 '평등관'이라고 불리지요. 하지만 저는 우선적으로 이름 없이 죽어간 중생, 삶에서도 죽음에서도 '급'을 가지지 못한 중생부터 애도하고 싶습니다. 삶에서 평등을 누리지 못한 이들이 제발 죽어서라도 평등하게 애도를 받았으면 좋겠습니다. 그리고 이름 없이 살다가 이름 없이 죽어간 사람들을 중심으로 역사를 쓰고 싶습니다. 그런 역사가 많이 쓰이면 이 세상이 좀 나아질까요?

1980년대에 '보다 나은 세상'을 위한 투쟁을 '지도'하신 분들이 이제 통치자가 되었습니다. 그분들이 집권한 세상이 어떻게 돌아가는지를 보면 저는 솔직히 미래에 대해 별 기대가 없습니다. 그래도 발버둥 치다 보면 뭔가가 나아지긴 합니다. 그래서 죽는 순간까지 '희망'을 갖고 살아야죠.

굿바이, 서울공화국

저는 26년 전에 처음으로 한국학에 대한 학술 논문을 썼습니다. 그때부터 지금까지 해마다 적어도 한 편 이상 계속 써왔습니다. 한글로 쓰면 참고문헌 목록에 출판사만 적고 출판한 곳을 적을 필요가 없지만, 서구권이나 러시아의 학술지들은 대개 '출판한 곳'도 적을 것을 요구합니다. 그런데 파주에 출판 단지가 생기면서, 예컨대 한길사를 '파주: 한길사'라고 적어야 하는 시대가 오기 전까지는, 한국에서 나온 문헌들의 출판처는 너무 간단했습니다. 천안의 독립기념관에서 나온 독립운동사 관련 서적을 제외하면 거의 전부 '서울'이었기 때문입니다. 고민할 필요도 없었습니다. 지금도 파주를 수도권이라고 생각하면, 출판업의 과도한 수도권에의 집중은 여전히 문제입니다. 물론 부산의 산지니 출판사 등 지방에도 하나둘 괄목할 만한 출판사들이 세워지고 있지만, 여전히 한국의 출판업은 서울 아니면 수도권의 독점 업종입니다. 참고로, 책들이 대부분 평양에서 만들어지는, 우리의 '거울' 북한의 사정도 거의 매한가지지요.

하지만 출판업만 그럴까요? 북한도 '평양'과 '나머지'로 양분되듯이, 대한민국 역시 세종시가 건립되고 나서도 여전히 서울공화국입니다. 대한민국은 경제적으로 '독과점'의 나라죠. 가령 주로 수출에 의존하는 64개 주요 대기업들이 국내총생산의 84퍼센트를 담당하고 있습니다. 그중 19퍼센트는 삼성그룹이 차지하고 있고요. 그러면 나라 경제를 사실상 통제하고 있는 64개 그룹의 본사들은 어디에 있을까요? 그중 하나인 한진중공업의 본사는 부산입니다. 사실상 거의 유일한 예외죠. 등기상 포스코 본사는 포항이지만, 실제로는 강남 테헤란로의 포스코 센터가 본사 기능을 하고 있습니다. 현대중공업의 등기상 본사는 울산이지만, 건설 부문의 본사는 용산이고요. 하림은 본래 전북 익산에 본사가 있었지만, 최근 강남 논현동에 사옥을 지었습니다. 그러니 사실 하나만 빼면 '모든' 대기업의 본사가 '다' 서울 아니면 적어도 수도권에 있는 것입니다. 강남구에만 다섯 곳이 있는 거죠. 그러면 그들의 거래처들, 그 거래처의 거래처들, 그 샐러리맨들이 이용하는 서비스 업체들, 그 자녀들이 다니는 명문 학원·유치원·사립학교가 모두 서울에 모이게 됩니다. 이런 판에 무슨 '국토의 균형 발전'을 이야기하겠습니까?

사실 수도권으로의 '과도한 집중'은 근현대사뿐만 아니라

전근대사에서도 나름의 '계보'를 갖고 있습니다. 근대적 계보야 뻔하죠. 국가 주도로 '개발'이 이루어지는 나라에서 재벌 본사는 당연히(!) 모든 자원의 분배를 총괄하고 있는 청와대와 무조건 가까워야 했습니다. 전근대적 계보는 중앙집권적 관료국가의 전통입니다. 사실 조선 후기, 양반 사대부 지배층 중에 '최고의 엘리트'는 이른바 '경화벌족(京華閥族)', 즉 한양이나 그 근처에 근거지를 갖고 대대로 청요직(淸要職)을 독차지하던 세도가들이었습니다. 경화벌족의 대열에 들어갈 정도는 아니었지만, 윤치호 (1865~1945)의 집안같이 비교적 부유한, 무관직의 지주 토호들은 논밭을 지방(아산 쪽)에 갖고 있어도 집은 한양에 있었습니다.

사실 중앙집권적 관료국가의 과거를 가진 다른 사회들도 아주 비슷한 현상을 보여줍니다. 예컨대 주요 프랑스 사상가들 중 파리에 거주하지 않은 사람을 한번 찾아보세요. 거의 없을 것입니다. 대표적인 절대왕권 국가였던 프랑스에서는 '파리'의 위상 역시 절대적이었습니다. 러시아의 경우 1703~1918년 국가의 수도였던 상트페테르부르크(레닌그라드), 그리고 그 전후의 모스크바가 그랬죠. 누구나 아는 러시아 문호들 중에 이 두 도시와 인연이 없는 '순 지방 출신'을 한번 찾아보세요. 한 사람도 없을 것입니다. 지방에 농장을 갖고, 건강을 위해 크림반도 등에서 휴양을 해도 러시아의 주요 지성인은 두 도시 밖에서는 지성인으로서 '기능'할 수 없었습니다. 지금도 그렇죠.

우리는 역사를 바꿀 수 없습니다. 미국처럼 절대왕권의 시대를 거치지 않았거나 독일과 이탈리아처럼 비교적 늦게 통일 국민국가를 이룬 경우 '서울'에 비견될 만한 '절대적 중심'은 없습니다. 한반도 역사는 한반도 역사입니다. 서울공화국과 평양공화국이 대치하고 있는 한반도의 사정이 상당한 '세계성'이 있는 역사적 맥락 위에서 생겨났기 때문에 그렇게 쉽게는 바뀌지 않을 것입니다. 그래도 강준만 선생의 아주 적절한 말대로 지방이 '식민지'로 살아야 하는 이 상황을 가만두는 것도 전혀 좋은 일은 아닙니다.

우리 지식분자들이 경향(京鄕)의 차별, 즉 수도권과 '지방' 사이의 차별 해소에 기여할 수 있는 부분은 무엇일까요? 일단 취업 시에 지방대 출신들에 대한 차별의 철폐에 노력해야 합니다. 가령 공사나 공기업에 지방대 출신 인재들을 위한 '할당'을 늘리는 것을 요구하는 것이죠. 아울러 서울대의 학생 1인당 정부지원금이 경북대보다 네 배나 많은, '수도권 명문대 편향'부터 시정돼야 합니다. 그리고 학술 행사를 되도록 수도권이 아닌 곳에서 진행하고, 대중 강의도 되도록 수도권과 지방에서 '균형적으로' 하고, 거의 고사 직전인 지방 언론에 자주 기고하고……. 지방의 '식민화'는 엄청난 젠더 불평등, 과도한 군사화, 재벌의 군림, 경쟁과 격차의 브레이크 없는 증폭과 함께 이 나라의 주요 문제입니다. 어떻게든 이런 문제들의 해결을 모색해야 합니다.

70퍼센트짜리 국민

요즘은 저같이 해외 한국인으로 살기 참 좋은 계절입니다. 한국이 대응을 잘한 것인지, 아니면 미국과 남유럽이 엄청나게 못한 것인지 따져봐야겠지만, 어쨌든 '코로나19' 방역 차원에서 한국의 상황은 '나머지 세계'보다 훨씬 좋아, 주위에서는 한국을 선망하는 목소리들이 자주 들립니다. 그럴 수밖에 없는 이유는, 현재 인구가 한국보다 열 배나 적은 노르웨이의 사망자 수가 한국의 사망자 수의 60퍼센트나 되기 때문입니다. 심지어 한국어도 거의 못 하는 저의 아홉 살짜리 딸내미는 "노르웨이가 전혀 안전하지 않으니까 세계 모범 국가인 한국에 가서 살자!"고 옆에서 계속 조를 정도입니다. 그 아이는 아마 한국에서도 노르웨이에서처럼 누구나 영어를 '당연히' 이해하여, 소통에 전혀 문제가 없으리라고 생각하는 모양입니다.

한국학을 하고 있는 해외 국민으로서는 좋은 계절이지만, 솔직히 마냥 '자랑스럽다'는 생각만 들지는 않습니다. '질본'의 조직 운영을 비롯해서 특히 의료진과 담당 공무원들의 투지나 헌신은 당연히 고맙고 자랑스럽지만 말입니다. '코로나19'라는 진리의 순간은 전 세계의 각종 격차와 차별을 가시화하고 클로즈업했습니다. 이는 한국도 예외가 아닙니다. 이런 미증유의 난리 속에서 우리는 세계에 대해서도 우리 자신에 대해서도 너무나 많은 것을 학습할 수 있었습니다. 그러나 꼭 좋은 것만 알게 된 것은 아닙니다.

예컨대, 대부분의 지자체들은 애당초에 재난기본소득을 '국민'에게만 주겠다고 했지만 안산시만은 아주 예외적으로 외국인 체류자들에게도 주겠다고 바로 선언했습니다. 안산은 외국인들의 인구 대비 비율이 국내 지자체 중에 최고인 12퍼센트로, 8만 6,000명 정도의 외국인이 살고 있습니다. 이들이 한꺼번에 사라지면 안산 경제의 상당 부분이 그냥 멈출 것입니다. 그런 안산인 만큼 '외국인들에게도 주겠다'는 결정은 충분히 예상할 만한 것이었습니다. 그러나 그냥 '국내인과 외국인에게 차별 없이 주겠다'는 식이 아니라 '외국인에게는 국내인의 70퍼센트 수준에서 주겠다'는 것이었습니다. 왜 '국내인의 70퍼센트'일까요? 외국인은 국내인보다 밥이나 반찬을 더 적게 먹나요? 옷을 덜 입나요? 아니면 아파트 관리비를 덜 내나요? 일상의 비용은 여권의 색깔과 무관하게 누구나 똑같지만, 안산의 외국인들이 국내인보다 30퍼센트 '덜' 받는 유일무이한 이유는 바로 그들이 '외국인'이기 때문입니다. '외국인'을 국내인만큼 대접할 수 없다는 것이죠. 아주 간단합니다. 어떻습니까? 자랑스러운가요?

제가 '한국의 코로나19 대응'에 대해 묻는 노르웨이 기자에게 이런 이야기를 한다면, 상대방의 질문은 뻔합니다. 안산의 외국인 주민들은 왜 소송을 하지 않았느냐는 거지요. 같은 주민이고 납세자인데, 단지 외국 여권 소지자라고 해서 노르웨이 여권 소유자가 받는 돈을 받지 못한다는 것은 노르웨이에서는 상상할 수도 없는 일입니다. 제가 노르웨이에서 한국 여권으로 살아온 20년 동안 그런 식으로 억울하게 못 받은 돈은 한 푼도 없었습니다. 지금도 다달이 양육 보조비(한 아이당 한화 약 13만 원) 등을 모두 챙겨 받죠. 부모 양쪽이 외국 여권인데도 말이죠. 저는 이런 삶이 당연하다고 여겨왔습니다. 그러나 '자랑스러운 대한민국'에서는 이게 절대 당연하지 않습니다. 소송? 포괄적인 차별방지법도 없는 나라에서 과연 무슨 근거로 소송을 하겠습니까? 헌법상 인종 차별 등은 금지되어 있지만, 그건 '국민'에게만 해당되는 조항입니다. 그러니 '국민들이 받는 수령액의 70퍼센트'도 감지덕지하는 분위기인 모양입니다. 우리를 당연히(?) 차별하지만, 그래도 다른 지자체보다는 덜 차별해주셔서 감사합니다……. 이런 분위기가 정말로 자랑스러운가요?

저는 아무래도 한국의 인터넷 포털 보는 것을 자제해야겠습니다. 특히 댓글을 보다가는 혈압이 너무 올라가니까요. 얼마 전에 정의당의 이자스민 전 의원이 외국인을 차별하는 재난기본소득 지급 규정을 비판하는 기자 회견을 열었다는 기사를 봤습니다. 사민주의(社民主義) 정당의 이민자 출신 정치인으로서는 그저 자신의 '직무'를 다하는 것일 수도 있습니다. 사민주의 정당의 이주민 정치인이 아니면 누가 이주민의 인권을 챙기겠습니까? 여야가 모두 관심도 없는 판국인데 말이죠. 그런데 그 기사에 달린 댓글들을 보면, "너희 나라에 가서 이런 개소리를 해라!"정도는 가장 얌전한 편에 속했습니다. '너희 나라'? 이자스민 전 의원에게도 제게도 '너희 나라'는 대한민국입니다.

그런데 '외국인 수령액은 우리 국민의 70퍼센트 수준'과 같은 소리를 듣고 있다 보면, 대한민국에서는 외부에서 왔거나 '다르게 생긴' 사람이 언제쯤에나 사회 구성원으로 평등한 권리를 누릴 수 있을지 궁금하기만 합니다. 지금 한국을 '전 세계에서 모범이 되는 안전한 나라'라고 확신하는 제 딸아이는, 비록 한국 여권을 가지고 있지만, 미숙한 한국어와 '외관상 식별 가능한' 얼굴 탓에 언제쯤 대한민국에서 '한국인'으로 살아갈 수 있을지 모르겠습니다.

참, 코로나19 덕분에 우리 사회에 대해 너무나 많은 중요한 부분들을 알게 되었습니다. 이제 알았으니, 바꾸는 것이 급선무입니다!

내가 낙관하는 이유

요즘 한국도 미국처럼 '소송의 공화국'이 되어가고 있고 구미권도 '법치'를 기본 이념으로 삼고 있지만, 사실 우리의 일상은 성문법, 그러니까 법률만으로 규정되지 않습니다. 법률 이상으로 중요한 것은 '사회적 통념', 즉 '해도 된다' 또는 '안 된다'에 대한 다수의 암묵적 동의입니다. 쉬운 사례를 한번 들어보겠습니다.

요즘 저는 운동 부족 등의 문제로 몸이 많이 불었습니다. 그래서 한국에서 지인을 만나면 어김없이 '요즘 몸이 좀 불었다'는 걱정 섞인(?) 지적을 듣곤 합니다. 처음엔 당황도 하고 내심 불편도 했지만, 이제는 초면에 상대방의 나이부터 확인하는 '연령주의'처럼 하나의 '문화'라고 생각하고 되도록 신경 쓰지 않습니다. 그런데 노르웨이 같은 경우에는 20년 동안 살면서도 단 한 번도 가족이 아닌 사람에게 '뚱뚱하다'는 소리를 들은 적이 없습니다. 부부나 애인 또는 절친한 관계가 아니라면 이런 말을 하는 것은 '체형에 의한 차별'로 여겨지고 절대 용납되지 않습니다. 이건 법률이 아닌 암묵지, 즉 사회적 통념입니다. 노르웨이의 어느 법률에도 '남의 체형을 논하지 말라'는 말은 없습니다. 그냥 다들 상식적으로 아는 부분이죠.

암묵지 또는 통념은 영구불변한 것은 아닙니다. 계속 바뀌는 것이죠. 사실 많은 경우에는 좋은 쪽, 즉 각자의 권리나 존엄을 존중하고 평등을 지향하는 쪽으로 바뀝니다. 예를 들어볼까요? 100년 전의 통념이란 10대 초반인 양반 도련님이 늙은 하인에게 언어적으로 하대해도 당연시되는 것이었습니다. 하지만 요즘은 어떨까요? '××일보'의 자제 분이 이와 비슷한 방식으로 운전기사를 대했다가 들통이 나서 '문제'가 되었던 적이 있습니다. 대한제국이나 일제강점기의 농촌 사회라면 '문제'도 되지 않을 행동이지만, 이제는 '문제'라도 되니 우리 통념의 세계가 조금은 바람직한 쪽으로 바뀌어간다는 증거입니다.

해방기의 죽산(竹山) 조봉암(1899~1959) 선생은 본부인인 김조이(1904~?) 여사 외에 '작은 마누라'와 동시에 살림을 따로 차리고 아이도 낳아 길렀습니다. 그때는 비판자들에게도 지지자들에게도 그다지 대단한 '문제'로 보이지 않았지만, 요즘 같으면 분명 반응이 다를 것입니다. 이건희 회장의 성매매 사건은 검찰에 의해 기소되지 않았지만(아니, 그가 기소될 거라고 믿은 순진한 사람이 대한민국에 있기나 했을까?) 적어도 사회에서 '물의'를 빚고 삼성이 형식적이나마 '사과'를 했었죠. 몇십 년 전이었으면 재벌의 호색 행각은 누구도 '문제' 삼지 않는 일상이었을 것입니다. 그러니 저같이 운동을 게을리하는 뚱보들이야 여전히 지적을 받아야겠지만, 그래도 세상이 좀 더 나은 방향으로 가는 것만은 분명한 모양입니다.

제가 보기에, 가장 큰 진척을 이룬 것은 '신체의 자유', 즉 신체적 폭력에 대한 통념들입니다. 15년 전에 제가 전교조 선생님들에게(!) 체벌 폐지의 필요성을 강의하고 구미권의 체벌 폐지의 역사를 열거해도 '체벌 없이는 학급 통제가 불가능하다'는 반응을 얻곤 했습니다. 그게 꽤나 일반적인 반응이었던 셈이죠. 일반 교사 분들도 아니고 '참교육'을 실천하시려는 일부 전교조 교사 분들이 그러셨다는 겁니다. 요즘에는 학교에서 체벌하면 그냥 피해자가 경찰에 신고하는, 그나마 교권을 빙자한 폭력을 당하지 않고 학교에 다닐 수 있는 좋은 시절이 드디어 왔습니다. 10여 년 전에 세웠던 투쟁의 목표를 드디어 이룬 것이죠. 다음 단계는 학교가 아닌 집 안에서 행해지는 부모의 체벌 근절, 그리고 체대처럼 폐쇄성이 강한 소사회에서 자행되는 물리적 폭력의 근절이었습니다. 지금까지의 노정을 보면 이 과제들도 한국 사회가 마음만 먹으면 얼마든지 해결할 수 있을 것입니다.

그런데 학교 체벌의 점차적 감소는 '의식(암묵지, 통념)의 변화'에만 의지하지 않았습니다. 사회적 합의도 점차 바뀌었고, '인권 조례' 등도 상당히 큰 역할을 했죠. 그러니까 성문법과 불문율의 발전은 대개 병행하는 경우가 많고, 인권 친화적 입법의 역할이 아주 큽니다. 지난번에 '배민'이 중국인들의 밀집 지역으로 배달을 가는 경우 추가 요금을 요구하는 것을 보면서 그걸 절실히 느꼈습니다. 포괄적인 차별금지법의 부재가 얼마나 결정적인지를 그 순간에 절실히 느낀 것입니다. 현재는 흑인인 미국 원어민에게 '미안하지만 우리 학부모들이 백인 강사를 원한다'라며 채용을 거절하는 학원 원장이나 '중국인 출입 금지' 문구를 문에 거는 가게 주인을 형사 처벌할 길이 막막합니다. 실효성 있는 법이 제정되고 몇 개의 판례라도 생기면 '인종 차별'과 관련된 통념이 변하는 데 커다란 탄력을 제공할 것입니다.

결국 진정한 의미의 '사회적 진보'란 바로 법률의 진화 등이 뒷받침하는 암묵지와 통념의 점차적 '축적' 과정입니다. 이 과정은 오래 걸리기 때문에 가끔은 느린 템포에 엄청난 답답함을 느끼게 됩니다. 예컨대 부하에게 반말투로 명령을 내리고는 부하가 당연히(?) 머리를 약간 숙이고 "네, 알겠습니다"라고 대답할 것을 예상하는 상사를 보면, '이러면 절대 안 된다는 것이 언제쯤 통념이 될까'라는 생각을 하게 됩니다. 그래도 한번 바뀐 통념은 아무리 나쁜 정권들도 본래의 상태로 되돌릴 수 없습니다. 박근혜가 집권해도 학교 체벌은 돌아오지 않습니다. 그러니 비록 느리다고 해도 암묵지나 통념의 진화야말로 진정한 의미의 '사회적 진보'입니다. 느리게나마 그런 진보가 이루어진다면 특정 사회에 대해 그래도 낙관할 수 있습니다. 제가 한국 사회에 대해 장기적으로 낙관하는 이유도 바로 여기에 있습니다.

영어는 우리에게 무엇인가

약 10년 전인가, 1호선 종각역쯤에서 겪은 일입니다. 역에 도착하자 영어 안내 방송이 나왔습니다. 그때 지하철 차량의 한 모퉁이에 친구들과 서 있던 교복 차림의 여고생이 돌연히 내뱉었습니다. "영어, 영어. 내가 널 얼마나 증오하는지 세상이 좀 알아야 하는데. 나는 너를 증오해, 영어!" 정확히 전후맥락은 모르겠지만, 그 여고생은 영어 시험을 앞둔 눈치였습니다.

극단적인 표현이지만 영어를 증오할 만도 하죠? 비극적이게도 평균적 한국인의 인생은 한국어와 가장 거리가 먼 언어를 얼마나 내면화하느냐에 달려 있습니다. 영어는 한국어와 어족도 발음 구조도 다르고, 중첩되는 어휘도 중국어나 일본어에 비해 훨씬 적습니다. 현대 영어 어휘에서 그리스어와 라틴어 계통의 단어들은 약 30퍼센트 정도를 차지합니다. 러시아어를 포함한 유럽 지역의 언어를 모국어로 하는 사람들에게 이 단어들은 낯

설지가 않겠지요. 예컨대, 제게 전립선 문제가 생겨서 노르웨이나 영미권에서 비뇨기과에 들러야 한다면, 제 모어인 러시아어 단어 простата(prostate, 전립선)와 거의 비슷한 단어가 쓰일 것입니다. '비뇨기과'의 영어 단어(urology)도 러시아어의 해당 단어와 거의 동일하죠. 한국어를 모어로 하는 사람들은 중국어나 일본어에서 이와 같은 이점을 누릴 것입니다. 한국어의 전문 용어는 대부분 메이지 시대에 일본에서 일어로 번역되어 조선으로 유입된, 근대에 만들어진 한자어들이니까요. 그러니 한국어 모어민에게 영어 구사란 러시아어 모어민에 비해 몇 배의 노력을 요구하는 일일 것입니다. 그리고 각고의 노력으로 어휘를 일단 익히고 기본적 청취, 발화, 작문을 구사해도 영미권에서 살아보지 못한다면 발음의 '현지화'는 어렵고, 영어권에서 '산다'는 것은 많은 경우 계급적 특권의 문제고…… 산 넘어 산입니다.

도대체 어떻게 이렇게 '증오'할 만한 고생을 '모든' 한국인들이 하게 됐을까요? 글쎄, 한국에서 영어의 패권적인 위치란 사실 유서가 좀 깊습니다. 이미 개화기와 일제강점기부터 주로 미국 대학에서 유학하고 돌아온 사람들이 조선 토착 엘리트의 중요한 일부를 구성했습니다. 서재필(1864~1951), 윤치호(1865~1945), 윤치영(1898~1996), 조병옥(1894~1960), 김활란(1899~1970), 김현철(1901~1989), 박인덕(1897~1980), 여운홍(1891~1973)……. 개화기의 미국 유학 경험자는 약 50명, 1910년대에는 26명, 1920년대에는 332명, 1930년대에는 96명 등 해방 이전을 모두 합해도 500명 안팎이고 그중에는 귀국하지 않고 미국에 잔류한 사람들도 상당수였습니다. 하지만 조선 사회에 대한 그들의 영향력은 엄청났습니다. 그리고 군이 미국에 가지 않아도 어차피 식민지의 유식자들은 영어를 배워야 했습니다. 1920년대 조선의 고등보통학교(중·고등학교)에 다니는 학생은 1학년 때는 주당 여섯 시간, 2~3학년 때는 일곱 시간, 4~5학년 때는 다섯 시간의 영어 수업을 받았습니다. 1927년에 개국된 경성방송국은 라디오 영어 강의도 진행했습니다. 일제 지배자들은 조선인들에게 일어를 '국어'라고 강요하는 동시에, 미국과 전쟁 중일 때를 제외하고는 영어를 '문명의 언어'라며 정중히 모셨습니다(?). 일제가 물러가고 미국의 '직접 지배'가 시작된 이후 영어는 일제강점기에 일어와 영어가 받았던 '대접'을 독점하게 됐습니다. 미군이 인천에 상륙한 1945년 9월 8일부터 시작된 '영어의 독점적 패권의 시대'는 지금도 이어지고 있습니다.

해방 이후 '영어 전성기'는 두 번 있었던 것 같습니다. 한 번은 미군정 시대죠. 영어를 일본 학교에서 대충대충이라도 배운 사람은 미군의 통역사가 되어 갑자기 엄청난 권세를 누리게 되었습니다. 6.25 때에는 영어 능통자가 일반 징집 대상자와 달리 통역 장교라도 되어서 적어도 목숨을 지키기가 훨씬 쉬웠고, 1950년대의 '원조 경제' 시절에는 비교적 쉽게 '출세'할 수 있

었습니다. 그 후에는 중상주의적 개발 독재가 '국어'를 내세워
서 영어의 위신을 약간 상대화시켰습니다. 개발 독재의 실세들
이 적어도 개인적으로는 영어보다 일어를 선호했던 것입니다.
그들 가운데 상당수가 일본군 장교 내지 일본 대학 졸업자였으
니까요. 때마침 1965년에 한일 수교가 이루어지면서 한국 관료
들의 일본 시찰, 일본 배우기 시대가 다시 열렸습니다. 그런데
1997~1998년 IMF 위기 이후 두 번째로 '영어 전성시대'가 다
시 열립니다. 이 무렵이면, 일어를 모어 비슷하게 구사했던 박정
희(1917~1979), 이병철(1910~1987), 구인회(1907~1969) 등등 일제
강점기의 관료, 사업가 출신 '큰 오야붕'들도 거의 유명을 달리
했습니다. 영어를 견제할 만한 '적수'가 더는 남아 있지 않았던
것이죠. 거기에다 신자유주의가 번성하면서 구미권 자본이 국내
금융계를 장악하고 국내 제조업 자본이 동남아시아를 경제 식
민화하고 해외 취업이 국내 취업난의 해결책으로 부상하고…….
거기에 나리킨(成金, 신흥 갑부)이 된 대한민국에 금전적 여유가 생
기면서 미국 유학부터 '원어민 영어 강사'까지, 모든 것이 중산
층이라면 비교적 쉽게 접할 수 있는 일반적 재화가 되었습니다.
일제강점기 내내 미국 유학을 다녀온 한국인들이 500명이 될까
말까 했다면 현재 유학 중인 미국 유학생의 수는 5만 8,000명 정
도입니다. 비교도 되지 않는 숫자죠.
　　오늘날 괴물이 되어버린 대한민국의 '영어'는 과연 우리에

게 무엇일까요? 전통 시대의 한문과 같은, 만능의 문화 자본인 셈이죠. 현실적인 필요성과 무관하게 영어 구사력이 계급적 신분에 정비례하기도 하고, 또 그 신분을 규정하기도 하니까요. 어떤 의미에서 오늘날 영어의 위치는 식민지 시절의 '국어', 즉 일어의 위치와도 엇비슷합니다. 그때도 조선 사회는 일본 학교를 졸업하고 일어를 거의 완벽하게 구사했던 '고등 유식자'부터 일어로 인사말 정도만 할 수 있었던 다수의 빈민까지 각종의 '일본어 계급'으로 나뉘어 있었거든요. 주요한(1900~1979) 정도의 거물이 되면 일본어 글은 물론, 아예 일본 특유의 시인 와카(和歌)도 지을 수 있었죠. 마찬가지로 몇 년 후에는 한국에도 영시를 잘 짓는 '글로벌 지식인'(?)들이 나타나지 않을까 싶습니다. 뭐, 영어로 짓든 일어로 짓든 국어로 짓든 잘 짓기만 하면 좋은 일이긴 하지만, '영어 계급사회'에서 각자의 '영어 계급'이 본인이나 그 부모의 경제력과 정비례하는 것은 정말 큰 문제입니다. 영어라는 이름의 문화 자본이 결국 각자의 계급적 위치를 고정하는 데 이용되는 것이죠. 우리는 과연 경제적 격차가 언어적 격차로 이어지는 사회에서 살고 싶은 것일까요?

제발 오해하지 마시기 바랍니다. 저는 박정희 식의 국어주의를 절대 주창하지 않습니다. 이 시대에는 표준어를 절대시하는 것도 상당히 억압적인 뉘앙스를 지닙니다. 상당수의 식당 노동자와 공사장 노동자가 표준어가 아닌 연변말이나 고려말이 섞인 러시아어 등을 쓰는 시대니까요. 제가 원하는 세상은 영어가 오로지 본연의 기능, 예컨대 학자들의 국제 소통 등에만 쓰이고, 언어의 다양성이 존중받는 세상입니다. 베트남인 어머니와 한국인 아버지 사이에서 태어난 '다문화' 자녀가 학교에서 한국어와 함께 베트남어도 배울 수 있는, 이런 세상이죠. 한글이나 독일어 또는 일본어로 쓰인 논문도 한국의 학계에서 영어 논문만큼 존중받는, 그런 세상이기도 하고요. 언어는 그저 필요에 따라 쓰이는 도구일 뿐이기 때문에 어떤 언어가 물신화되는 순간 언어 공부에 평생 취미를 붙인 저 같은 인간마저도 그 언어가 증오스럽게 느껴질 테니까요. 그런데 미 제국이 지금처럼 쇠락의 길을 걸어도 한국 사회에서는 영어의 탈물신화에 수십 년 이상이 걸릴 듯합니다.

자기계발서 전성시대

제 전공은 한국 근현대 사상사입니다. 그걸 공부하면서 한 가지 재미있었던 것은, 개개인이 지닌 사상의 놀라운 가변성입니다. 한국의 근대가 압축적이고 너무나 빨랐던 만큼, 개개인도 비교적 짧은 시간 안에 서로 상당히 이질적인 여러 사상을 순차적으로 표방하곤 했습니다. 월북해서 북한의 다산 연구의 기반을 다진 최익한(1897~?)을 예로 들어볼까요? 그는 청소년기와 청년기에는 남인계(퇴계학맥) 성리학자였다가 3.1운동을 계기로 민족주의자가 되었고 몇 년 뒤에는 공산주의에 입문했습니다. 월북 이후 1960년대까지 살아계셨다면 마르크스-레닌주의에서 다시 주체사상으로 나아가셨겠죠. 하기야, 주체사상이라면 바로 떠오르는 것이 김일성(1912~1994) 주석입니다. 그 역시 어린 시절의 기독교 민족주의에서 마르크스주의로 갔다가 결국에는 주체사상으로 나아갔습니다. 좌익 계열의 '사상적 변화' 속도만이 눈

부신 것은 아니었습니다. 성리학자였다가 독실한 천주교 신자이자 민족주의자가 된 안중근(1879~1910) 의사가 상징하는 한국(초기) 민족주의도 만만치 않았습니다. 뭐, 민족주의 우파를 이야기하자면, 사상적으로는 성리학에서 민족주의로, 종교적으로는 동학과 불교에서 기독교로 나아간 백범(白凡) 김구(1876~1949)가 가장 화려한 축에 속하겠죠.

도대체 어떻게 한 인간이 퇴계학(退溪學)에서 마르크스주의로 이렇게 쉽고도 빠르게 옮겨갈 수 있을까요? 이렇게 비교적 쉽게 옮겨 타는 배경에는 모든 종교와 사상의 개인 심성론이나 도덕론 등이 '유사하다는 점'도 있겠죠. 퇴계 이황(1501~1570)이 인욕(人慾)을 막아 천도를 따르고자 했다면 기독교 역시 원죄를 깨달아 원죄로 인한 욕망을 막아냄으로써 하느님이 내리신 계명을 따르려고 했고, 불교는 자리이타(自利利他)와 상구보리하화중생을 내세웠죠. 마르크스주의도 자신을 포함한 모든 피억압자들의 계급적 공익을 위해 헌신하는 것을 목표로 했습니다. 말하자면 자신이 깨달은 사회의 유물론적 발전 원리를 노농계급 사이에 유포시켜서 계몽하자는 주의였습니다.

그러니 탁사(濯斯) 최병헌(1858~1927) 같은 철저한 한학자가 기독교인이 되고, 성암(星巖) 김성숙(1898~1969)이 승려 노릇을 하다가 공산당원이 된 것이겠죠. 주의/주장, 우주/세계관, 사회론 등이야 당연히 달랐지만, 공익 지향적이고 자기희생적인 인간상을

내세우는 점에는 큰 차이가 없었습니다. 그러니 유럽 출신으로서
는 기독교인이 되든 마르크스주의자가 되든 아나키스트(Anarchist)
가 되든 별다른 위화감을 느낄 이유가 없었죠. 물론 공익 본위의
'이상' 뒤에는 온갖 사리사욕, 권력욕 등이 도사릴 수 있었지만, 적
어도 '표방'하는 부분, 그러니까 당위론들이 그랬다는 거죠.

그런데 1978년부터 가장 철저하게 동아시아화된 사회주의 사
상인 마오이즘(Maoism)이 중국에서 사실상 용도 폐기되었습니다.
1991년에는 1920년대 초반부터 한국 좌파에게 영감을 주어왔던
소련과 동구권이 최종적으로 멸망했고요. 1994년 김일성 주석의
사망 이후 북한에서는 대대적 기근 사태('고난의 행군')가 벌어지고
1997~1998년에는 한국이라는 발전국가가 신자유주의 국가로 변
신하고……. 이 과정에서 발전국가의 (어용적인) '공동체' 논리와
함께 운동권의 민중 본위적 '공공(公共)'의 논리도 의미를 잃고 말
았습니다. 그나마 김문수, 이재오, 이영훈과 달리 극우가 되지 않
은 '민중' 진영의 생존자들 상당수는 사민주의자로 요구를 조절하
거나 각종 '포스트' 담론 속에서 표류했습니다. '대중'에 대한 그들
의 영향력이 거의 사라진 대신, 신자유주의로의 전환과 함께 대중
적 지식 시장에 또 하나의 엄청난 '힘'이 그 모습을 드러냈습니다.
바로 대중적 '심리학' 서적 내지 각종 자기계발서죠.

한국적 자기계발서의 원조는 메이지 시대 일본 그리고 개화
기와 일제강점기 한국에서 히트를 쳤던 스마일스(Samuel Smiles,

1812~1904)의 《자조론(Self-Help)》입니다. 중흥조(?)는 데일 카네기(Dale Carnegie, 1888~1955)의 《인간관계론(How to Win Friends and Influence People)》, 《성공대화론(Public Speaking and Influencing Men in Business)》, 《자기관리론(How to Stop Worrying and Start Living)》 등이고요.

시중에 팔리는 자기계발서의 종류는 아마도 수천 개일지도 모르지만 핵심 주장들은 카네기의 논리를 크게 벗어나지 않습니다. 쉽게 이야기하자면 너의 성공을 위해 남을 이용하라, 남을 제대로 이용하려면 늘 친절하고 배려하는 척해라, 되도록 둥글게 둥글게 원만한 관계로 관리해서 적절히 이용해라, 칭찬 등으로 남의 환심을 잘 사서 나중에 이용해라, 이 정도입니다.

뭐, 교언영색(巧言令色), 감언이설(甘言利說), 아부아첨으로 남의 환심을 사서 타자를 이용하라는 거야, 이미 공맹(孔孟) 시대 사람들도 알았을 것입니다. 단, 그들의 입장에서 이것은 소인배가 사리사욕을 채우는, 도덕적으로 틀린 길이었습니다. 카네기는 사리사욕을 '성공'이라고 높여 부르고 이를 공개적으로 개개인의 유일한 인생 목표로 설정했다는 점에서 새로웠습니다. 사실 이런 의미에서 '카네기주의'는 신자유주의 시대를 예견(?)했다고도 볼 수 있습니다.

어쨌든 카네기의 후예인 각종 자기계발서 저자들이 신자유주의 시대에 접어들고 나서야 정말로 맹활약을 펼치기 시작했습니다. 자기계발서들이 베스트셀러 자리를 꽉 채운 것은 한국만의 상황이 아니거든요.

어떻게 보면 IMF 위기 이후 '성공학'을 내세운 자기계발서 덕분에 대한민국의 공식 담론이 좀 솔직(?)해졌다고 할 수 있습니다. 박정희는 일제강점기 총동원 시대의 '공동체' 논리를 계승하고 우파 민족주의로 무장했습니다. 그래서 박정희의 국가 '도덕' 교과서에 나오는 '공익', 그리고 '공동체'에서는 파쇼적 냄새도 다분히 났지만, 사실 발전국가의 현실과는 그다지 관계가 없었습니다. 말 그대로 '허위의식 유포'에 가까웠던 셈이죠.

군부의 지배자든, 그 밑에서 경제를 장악한 재벌이든, 부동산 투기로 재미를 보던 중산층이든, 1960~1980년대 군부독재하의 유산 계층이 지니고 있던 실질적 행동 논리는 '공동체 기여'와는 무관했습니다. 자본주의 초기의 축적 시대다운 야수적, 포식자적 태도가 오히려 전형적이었죠. 신자유주의 시대의 카네기주의적 자기계발서들은 이런 야수성을 그저 공식화했을 뿐입니다. 공식화하고 체계화하고 심리화한 것이죠. 자기계발서의 세계에서는 만인이 만인의 경쟁자입니다. 이런 경쟁 구도에서 최고의 무기는 속 생각의 은폐와 위선 그리고 '관계 관리'와 타자의 도구화고요. 최종 목표는? 바로 '부자 되세요'입니다.

한국 사상사는 고조선 시대에 유교와 도교의 근본이 유입된 이후 약 2,100~2,200년의 역사를 지니고 있습니다. 하지만 사리사욕이 개인 삶의 유일무이한 목표가 되고 교언영색이 성공을 향한 경쟁에서 당연하고 합법적인 무기가 되어버린 것은 신자유주의 시대의 일입니다. 2,000년이 넘는 역사에서 처음 벌어진 일이죠.

허울 좋고 신뢰성 없는 개발 독재 시대의 도덕 교과서에 실린 각종 '공동체' 이야기보다는, 무자비하게 솔직한(?) 자기계발서들의 '성공' 담론이 보급 효과는 훨씬 좋습니다. 신자유주의로 전환되고 단지 22년밖에 지나지 않았지만, 이제 이 '성공' 이야기는 거의 과거의 삼강오륜(三綱五倫)과 같은 '통념'의 위치에 올라선 듯합니다. 몇 년 전의 여론 조사에서 고등학생의 56퍼센트가 '10억 원만 생긴다면 죄짓고 감옥에 갈 용의가 있다'고 대답하지 않았던가요? 1990년대 초반만 해도 상상하기 어려운 여론 조사 결과죠. '부자 되세요' 신앙이 불과 20여 년 만에 이 정도로 사람들의 생각을 바꾼 겁니다.

이 냉소주의의 사막에서 빠져나가 좌파·진보적 입장에서 '공익'의 논리를 다시 재건하는 것은 정말 쉽지 않은 일입니다. 우선 인간적 타자뿐만 아니라 동물, 식물, 지구 환경까지도 배려와 동감 그리고 연대의 대상으로 삼을 줄 알아야 합니다. 과거 '공익' 이데올로기들의 인권 침해적 권력 남용을 허용했던 요소들도 철저하게 반성·성찰해야 하고요. 쉽지 않은 길이지만, 그 길로 갈 수밖에 없습니다. 출세(커리어)와 소비 욕망을 유일한 가치로 설정한 가치관이 결국 개인은 물론 인류 전체를 파멸의 문으로 끌고 가고 있기 때문입니다.

전향의 나라

진화하는지 퇴보하는지는 잘 모르겠지만, 어쨌든 인간은 계속 '바뀌는' 동물입니다. 그리고 드문 예외들이 있긴 하지만, 한 인간의 정치적 의견 변화는 '급진'에서 '온건' 내지 그 너머의 '보수' 순서로 이루어집니다. 당연한 일이죠. 존재가 의식을 결정짓는다고 하죠? 먹여 살려야 할 '가솔'도, 변제해야 할 모기지론도 없는 동시에, 직장에서 나오는 연봉도 직장에서 보내주는 해외 출장도 없는 '학생' 시절의 사고와, 지금 언급한 모든 존재의 조건들이 붙어 있는 '생활인'의 사고가 어떻게 같겠습니까? '학생'의 경우 약자에 대한 공감 능력을 억제하는 현실적 조건들이 그리 많지 않은 동시에 혈기왕성한 도덕적 최대주의(maximalism) 같은 것이 강건합니다. '동심이 천심'이라는 말은 아마도 그런 차원에서 진리겠죠? 반대로 성인, 생활인, 직장인은 이미 너무나 많은 타협을 한 인간인지라 '도덕'이 머릿속에서 절로 상대화되는 데다가 대개는 인생에 대한 피로와 환멸을 느끼게 됩니다. 급진주의자로 계속 살아가기에 좋은 조건은 절대 아니죠.

실은 다른 사람을 평가하기 전에 저 자신부터 점차 바뀌어가는 것을 느낍니다. 아니, 정견은 그대로죠. 저는 지금도 진보(좌파) 정치가 한국 사회의 끔찍한 불평등 해소에 절대적으로 필요하다고 생각합니다. 소속 당(노동당)도 여전하죠. 단, 이명박-박근혜 정권하에서 별꼴을 다 본 뒤로는 우파 자유주의 정권에 대해 '좀 더 편안해졌습니다'. 옛날부터 이게 차악이라는 생각을 하기는 했지만, 요즘에는 이런 생각이 좀 더 강화되었습니다. 하지만 김용희 노동자처럼 재벌들의 노동 탄압에 피해를 입은 분들은 입장이 매우 다르겠죠. 우파 자유주의자들은 저 같은 글쟁이들에게는 나쁘게 굴지 않고 때로는 잘해줄 수도 있지만, 재벌 폭력의 피해자들에겐 제대로 신속한 도움을 줄 리가 없으니까요. 그런 '괴리'를 느끼면서도 '2017년 이전보다는 편안하다'고 체감하고 있습니다. 이것도 보수화의 일종인지, 스스로에게 묻기도 합니다.

그리고 '생활적 보수화'도 어쩔 수 없나 봅니다. 2004년만 해도 저는 저를 특강에 초청하면서 '비즈니스 클래스' 비행기표를 제안한 국내 학술 기관에 '저의 계급적 적들과는 같이 앉을 수 없습니다'라고 당당하게 말하고 일반석을 택했습니다. 그런데 이제는 '비즈니스 클래스' 제안을 거절하지 못합니다. 요통이 생긴 탓에 이제는 누워서 가는 편이 좋다고 스스로를 합리화했지만……. 뭐, '사모펀드'와 급(?)은 좀 달라도 저부터 조국 전 장관에게 돌을 던지기는 힘들 것입니다. 어쨌든 인간 자체가 좀 그런 데다 저 자신도 그렇기 때문에 남을 도덕적으로 심판할 수는 없다고, 분명히 단서를 달고자 합니다.

게다가 전향이라는 것이 '한국'만의 특수한 현상이라고 말하기도 좀 그렇습니다. 2011년에 노르웨이까지 가세한 서방 국가들이 리비아를 폭격해 정권을 전복하고 사실상 통일 국가를 무너뜨렸습니다. 노르웨이에서 이 제국주의적 침략을 주도한 것은 옌스 스톨텐베르그(Jens Stoltenberg) 전 총리(현 나토 사무총장)입니다. 노르웨이의 노동당이죠. 한때 옌스 씨와 함께 베트남전 반대 시위를 하면서 미국 대사관에 돌을 던졌던 사람을, 제가 개인적으로 알고 있기에, 젊은 좌파였던 옌스 스톨텐베르그와 리비아 침략의 주도자인 옌스 스톨텐베르그 사이의 '차이'를 실감할 수 있었습니다. 그러니 과거의 '마르크스-레닌주의 혁명가'가 이제 '폭력 집회 엄단'이라고 노동자들에게 엄포를 놓아도 저는 별로 놀라지 않고 이게 '한국 특유'의 문제라고 생각하지도 않습니다. 살다 보니 도처에서 볼 수 있는 꼴이라는 사실을 너무나 잘 알게 된 거죠.

그래도 저는 저 자신과 한국에 계시는 동료 학자들에게는 한번 진지하게 묻고 싶습니다. 아무리 보편적인 현상이라고 해도 한국 정계나 학계에는 왜 이렇게 전향자들이 수두룩할까요? 그 숫자도 많을 뿐만 아니라, 그 형태도 거의 그로테스크할 정도로 극단적입니다. 경성제대의 마르크스주의 지하서클에서 활동하다가 일제강점기 말에 침략 전쟁의 나팔수가 되었던 유진오 (1906~1987)의 경우처럼 말입니다.

예컨대 한때 평양으로 밀항했을 정도로 철저한 '반미, 반일, 반제' 혁명가였던 분이 지금은 일본 정부와 재벌의 돈을 받는 '연구 기관'에서 반북과 반중을 위주로 하는 '한일 연대'를 주장하는 식이죠. 아니면, 카프 연구 등으로 '명문대' 교수가 된 뒤에 국문학계에서 '전체주의적' 좌파 등에 대한 마녀사냥을 벌여온 또 다른 '거물' 연구자의 경우는 어떤가요? 한국 사회구성체 논쟁을 주도했던 '마르크스주의 경제학자'는 이제 '위안부' 성노예 피해자 할머니들을 비하하느라 바쁘고요.

정계는 더 가관입니다. 몇 년 전에 북한 지도자 김정은의 암살을 진지하게(!) 제안했던 하태경 씨는 본래 엔엘(NL)계 운동권 출신 아닌가요? 신지호 이외에 뉴라이트계 정객들은 거의 그런 배경의 소유자들입니다. 그러니 '마르크스-레닌주의 혁명가' 출신이 '폭력 집회 엄단'을 언급해도 위화감이랄까 이질감이랄까, 하는 것이 전혀 느껴지지 않습니다. 주류 정계란 그런 곳이니까요. 각종 전향자들의 집합체 말입니다.

저는 두 가지 이유를 생각합니다.

하나는, 한국 사회의 '학력에 기반한 계급성'의 무게 같은 거죠. 명문대 총학생회 회장이 아무리 말끝마다 '민중'을 언급해도 한국적 상황에서는 그와 그 '민중' 사이에 천양지차가 존재합니다. 노동자 활동가는 가압류 등으로 얼마 되지 않는 재산을 모두 잃고 인생의 막다른 골목에 다다를 수도 있지만 '명문대' 학벌이 있는 '운동가'는 언제든 학력을 바탕 삼고 그 경력을 팔아 '출세'의 길로 갈 수 있는 것입니다. '명문대' 학벌의 소유자는 관념적으로 '친민중적'일 수 있지만, '민중'과 그들 사이에는 넘을 수 없는 '신분 차이'가 있죠. 그들도 스스로를 일종의 '선민'으로 인식해서 때가 되면 정해진 출세의 가도를 그냥 밟습니다. 이런 일이 그들이 처음은 아닙니다. 한때 상하이에서 〈독립신문〉을 발행하다가 결국 '황민화'의 이념가가 되어버린 현대 한국 문학의 '아버지' 이광수(1892~1950)도 그들에게 하나의 롤모델입니다.

그리고 또 하나는, 대안적 인생 궤도가 너무나 부족하다는 것입니다. 1980년대에 지하에서 《자본론(Das Kapital)》을 일어로 읽고 마르크스주의자가 된 사람이 지금까지도 그 신념을 그대로 견지한다고 가정해보죠. 그가 일찌감치 운 좋게 '교수'가 됐다고 해도, 마르크스주의자인 이상 학계에서는 게토(ghetto)에 갇힌 극소수자일 것입니다. 마르크스주의자들이 꽤나 많은 영국이나 캐나다 학계와는 아주 다르죠. 정계는 더합니다. 정의당이나 노동당에 들어가 풍찬노숙(風餐露宿)해야 하고, '벼슬'할 생각을 그냥 버려야 하고, 평생 박한 활동비로 살아야 합니다. 사민당들이 힘을 꽤나 쓰는 유럽과는 완전히 다르죠. '명문대' 학벌 소유자에겐 솔직히 모든 것을 버릴 각오로 이 가시밭길을 걷기가 쉽지 않겠죠?

아쉬운 이야기일 수도 있지만, '전향'은 한국 근현대사에서 하나의 주요 코드입니다. 그만큼 끝까지 전향하지 않고 지금도 '계급'과 같은 화두를 놓지 않는 사람들이 존경스럽기만 합니다. 비록 소수라고 해도 그들이 있기에, 미래에 대한 희망을 가질 수 있습니다.

공적인 것을 지키지 못할 때

저는 '조국 사태'를 지켜보면서 저 자신에게 계속 이 질문을 던졌습니다. 사실 사소하다고도 할 수 있는 '불공정성' 문제가 왜 이렇게까지 많은 사람에게 이렇게까지 아프게 다가왔을까요? 사실 이미 완숙한 자본주의 사회가 다 된 대한민국에서는 '고학력자'와 '명문대' 출신 신분의 세습 정도는 그나마 비교적 '작은 일'에 불과합니다.

'상속'이라는 자본주의의 절대적 원칙이 작용해 훨씬 큰 것들이 세습됩니다. 삼성의 매출은 한국 국내총생산의 19퍼센트 정도를 차지합니다. 삼성은 경제적으로 웬만한 작은 나라보다 덩치가 큽니다. 이런 삼성을 3대 왕자가 세습한 것에는 다들 말이 없습니다. 그걸 왜 이렇게 당연시하는 걸까요? 북한의 권력 세습을 비난하는 사람은 수두룩한데 말이죠. 역시 내로남불, 즉 남의 세습은 비난해도 한국 사회의 '대잇기' 원칙은 그냥 나 몰라라 하는 것이 아닌지요? 기업뿐일까요? 교회 담임목사직도 세습되는 사회입니다. 그리고 굳이 편법을 쓰지 않더라도 한국의 '인서울' 대학 교수층은 대체로 '대를 이어' 재생산됩니다. 신임이나 전임 교원들 중에는 교수 자녀들이 제일 많고, 이외에 법조인, 의사 등의 자녀가 흔히 보입니다. 그러니 어떤 고등학생이 학술논문의 제1 저자가 되든 말든, 유급 후에 장학금을 받든 말든 어차피 그의 삶의 궤도는 부모의 궤도를 대략 따라갈 것입니다. 그런데도 민심은 왜 그렇게 격하게 반응했을까요?

두 가지 이유가 있는 듯합니다.

하나는, '대학, 너마저도?'와 같은 정서입니다. 사실, 경제적 불평등에 대해 한국 사회는 이미 체념한 듯합니다. 조국 전 장관을 비롯해 한국 사회의 최상위 1퍼센트는 한 가구당 평균 6.5채의 주택을 보유합니다. 반면에 47퍼센트의 가구는 집 한 채 없이 월세와 전세를 전전합니다. 다주택자와 무주택자로 나뉜 사회, 다들 상식적으로 아는 현실입니다. 상위 10퍼센트가 전체 부동산의 절반을 차지한다는 사실 등을 알면서도 한국 사회는 '사(私)'의 영역인 재산이나 소득에서의 엄청난 불평등에 대해 이미 어느 정도 저항을 단념한 듯합니다. 그런데 대학은 '공'의 영역입니다. 대학 자체도 국고보조금을 받고 있고 각종 학술지도 학진 등의 보조금을 받아 발간됩니다. 그러니까 자신도 자녀도 아무리 천부적 천재라 해도 진입이 거의 불가능한, 악명 높은 '교수 사회'가 그 '공'의 영역을 사유화한 것에 대해서는 얼마나 억울하게 생각할까요? 물론 함께 모여서 '조유라'라고 고함을 지르는 고대생과 서울대생 중에 과연 이와 같은 방식이 아닌, 다른 방식으로 이 특권적 궤도에 진입한 사람이 몇 명이나 될까 싶습니다. 대학이란 '공'의 영역은 이미 거의 사립대를 지배하는 '왕조'와 관리자 그리고 전임 교수의 카스트에 의해 사유화된 상태입니다.

그리고 또 하나는, 대통령과 정부가 '국민감정'을 푸는 하나의 '장'이 됐다는 사실입니다. 한국 사회에는 민주화되어서 밑으로부터의 비판을 허용하는 것이 국가와 정부 외에 또 뭐가 있나요? 삼성의 피고용자들이 '이씨왕조'를 비판하는 것이나, 조국 교수와 그의 동료들에게 종속되어 있는 대학원생들이 그 위대하신 '스승님'들을 비판하는 것을, 상상이나 할 수 있습니까? 그나마 1987년 이후에야 '국가'에 대해 할 말을 할 수 있는 권리를 쟁취했지만 여전히 대한민국은 크고 작은 독재의 집합입니다. 그러니까 조국 사태의 본질은 강남족의 지배에 대한 억울함을 푸는 것이라고 봐도 무방할 듯합니다. 어차피 삼성 등에 비해 국가가 훨씬 약체인 만큼 국가와 국가수반에 대한 비판은 '체제'를 그다지 흔들지도 않기에, 이와 같은 '감정 분출'이 정기적으로 일어나고 대체로 체제에 의해 관용되는 것입니다.

문제는 법무부 장관직을 어느 '개혁 지향적인' 강남 귀족이 차지할 것인가가 아닙니다. 물론 개혁 지향적인 귀족이 극우적 귀족보다는 차악이기는 합니다. 그러나 진정한 문제는 장관의 이름이라기보다는 '개혁'을 명분으로 삼는 이번 정부가 '공'의 영역을 사유화하는 등 이 사회의 근본적인 문제들을 차후 어떻게 다룰 것인가입니다. 정부와 이런저런 인연으로 엮여 있는 교수 카르텔이 앞으로도 자녀들을 학술 논문 저자로 둔갑시켜서 '명문대' 학력을 대물림하고, 이런 모습이 다시 다수의 눈에 들어가면 이 정부를 떠나지 않을 민심이 과연 있을까요? '귀족의 발호'를 수수방관하는 정부, '공'의 영역을 지키지 못하는 정부는 다수의 입장에서는 무능 그 자체입니다. 그리고 사회 귀족들의 신분 세습 도구가 되어버린 명문대의 특권적 위치가 지속되는 이상, 조국 사태를 일으킨 근본 원인을 제거할 수 없을 것입니다. 정말 대학들의 평준화가 너무나 시급한 시점입니다.

어느 20대가 꿈꾸는 세상

제가 재직하고 있는 오슬로대는 한국의 일곱 대학들과 자매결연을 맺었습니다. 자매결연이 되어 있으면 교원과 학생의 교환이 가능해집니다. 한국으로 가는 노르웨이 교원이나 학생은 극소수에 불과하지만 오슬로대에 교환 학생으로 오는 한국 사람들은 학기마다 수십 명에 달합니다. 이렇게 한쪽으로 쏠린 '교환' 덕분에 저는 지난 20년간 몸은 오슬로에 있어도 한국 젊은이들의 동향을 나름 살펴볼 수 있었습니다. 물론 '대표성'의 문제는 좀 있을 수 있습니다. 오슬로에 오는 학생들은 대부분(약 70퍼센트 이상) 여성이고, 사회경제적 성분은 대다수가 중간계층 이상이었습니다. 출생지는 대부분 광의의 수도권이었고요. 그러나 이런 한계에도 불구하고 민주화 이후 20대의 사고와 열망을 일부라도 접할 수 있었습니다.

(미국이 아닌) 노르웨이에 갔다고 해서 모두 자유주의자나 '좌

파'가 되는 것은 아닙니다. 고전적 의미의 '좌파'(계급론적 세계관의 소유자)는 전체 한국 사회에서도, 제가 오슬로와 국내에서 만난 20대 중에서도 대체로 소수였습니다. 많아야 10~15퍼센트 정도죠. 대부분은 중도 자유주의자나 중도 우파에 가까웠습니다. 그런데 좌나 우의 성향을 떠나서 다들 이구동성으로 현재 한국 사회의 문제점을 다음과 같이 꼽았습니다.

　—서열 사회. 학교 교원이나 직장 상사의 무조건적 반말부터 18~19세에 치른 수능의 결과로 평생이 결정되는 학벌 서열까지, 이 모든 것들이 젊은 한국인에게 비합리적으로 느껴집니다. '근대'의 정의가 여러 가지인 데다 서열 사회의 표본에 가까운 일제강점기 사회도 많은 의미에서는 '근대'에 속했습니다. 그럼에도 한국형 서열 사회는 한국의 20대들이 이상적으로 생각하는 '근대'의 그림과는 전혀 맞지 않습니다.

　—과로 사회. '자기실현'을 원하는 이 세대에게는 직장이 하루 종일, 더 나아가 평생을 식민화하는 것이 감옥 그 자체입니다. 어차피 소외된, 즉 본인이 경영이나 관리에 적극 참여하지 못하는 자본주의 사회의 노동자일 뿐인데, 그게 인생의 '전부'가 된다면 인생을 빼앗기는 것이나 마찬가지겠죠. 그래서 상사의 무조건적 폭언, 명령, 하대, 잔업 강요가 '문제'

로 꼽히고, '칼퇴근'은 꿈이 됩니다.

ㅡ불안 사회. 자본주의 사회에서 자기실현은 일단 안정적 소득을 전제로 합니다. 건물주 같은 자본가가 아닌 이상 안정적 소득은 '정규직'을 뜻합니다. 그래서 제가 만난 20대들 중에는 국내에서 공무원이 되거나, 외국에서 정규직이 되는 삶을 꿈꾸는 이들이 상당히 많았습니다. 국내 대기업 정규직은 '과로'와 '서열' 속에서 '복종'을 전제로 하는 만큼 훨씬 덜 선호되는 것 같았습니다.

군이 전 세계의 20대들을 '성향'별로 분류한다면, 한국의 20대들은 '중도' 정도에 속할 듯합니다. 폴란드나 일본만큼 보수화되지는 않았지만, 그렇다고 이미 신자유주의로 만신창이가 되어버린 영국이나 프랑스처럼 상당수가 아예 '자본주의 이후'를 꿈꾸는, 그런 급진화가 나타난 것도 (아직) 아닙니다. 한국의 20대에게 자본주의는 이미 공기 같은 것입니다. 그래서 글로벌 자본주의의 피해자들과 연대하기보다는 좀 더 편안한 삶을 제공해줄 승리자 국가, 즉 북유럽이나 호주나 뉴질랜드 등에 편입하는 것을 훨씬 자주 꿈꿉니다.

그들은 북한에 대해 무관심한 경우가 상당히 많습니다. 역시 여기에서도 한국과 이미 비교가 불가능할 정도로 낮은 북한의

'1인당 국민소득'이 문제겠죠. 결코 민주국가는 아니지만, 영어를 쓰고 유럽만큼 잘사는 싱가포르에 대한 호의적 태도와는 사뭇 대조되는 태도죠. 한국 젊은이들은 '자본주의 이후'보다는 북구처럼 '잘 관리되고 공공 부문이 강한' 수정자본주의를 훨씬 선호합니다. 상사로부터 폭언을 들을 확률이 낮고 칼퇴근해도 되고 대학에 무료나 싼값에 다니고 쉽게 정규직을 얻고 모기지론으로 재빨리 자기 집을 마련할 수 있는, 그런 사회를 원하는 것이죠.

그러니 앞으로 한국 정치의 미래는 이 세대의 표심을 누가 잡을 것이냐에 달려 있습니다. 문 정권이 학벌 서열의 완화, 민간 부문의 정규직화, '칼퇴근' 문화의 정착, 직장 갑질의 근절 등에 성공한다면 젊은 표심을 다시 얻어 정권 재창출에 성공할지도 모르겠습니다. 그런데 특히 민간 부문의 정규직화 등은 대자본과 이해 충돌의 가능성이 높기 때문에 아마도 이 정권으로서는 불가능할 것도 같습니다. 그러면 지금과 같은, 상대적으로 높은 인기를 지속적으로 누리기는 어렵겠지요. 자유주의자들에게 실망한 젊은 고학력자들이 투표 자체를 거부한다면 결국 특정 지방과 강남의 '광의의 보수·극우' 블록이 승리하겠죠.

괴물을 낳는 피라미드

제가 재직하는 오슬로대학에는 한국인이 도저히 납득하지 못할 심각한 문제가 하나 있습니다. 바로 법학부 교원의 구인난입니다. 네, 여러분이 잘못 읽은 것이 아닙니다. 유자격자, 즉 노르웨이 국내법을 전공하고 연구 경력이 있는 박사학위 소지자들 중에는 법학부 교수가 되려는 사람들이 너무 없어서 문제입니다. 만약 이게 법학부가 아니라 예컨대 수학부였다면 아무 문제도 없었을 것입니다. 러시아부터 한국까지, 준주변부 인재들 중에서 아주 쉽게 적임자를 뽑을 수 있었을 테니까요. 그런데 러시아에서도 한국에서도 아무도 노르웨이 국내법을 전문적으로 연구하지 않기에 법학부로서는 문제가 큽니다.

결국 법학부는 편법을 쓸 수밖에 없습니다. 원칙적으로는 안 되지만, 법학부 교원들의 임금을 편법적으로 높이는 것이죠. 신입 교원에게도 교원치고는 비교적 높은 초임을 제시하기도 하지만, 기존 교원들에게도 임금을 대단히 많이 높여줍니다. 그러지 않으면, 바로 학교를 떠나 변호사로 개업해서 법학부 임금보다 몇 배나 많은 소득을 올릴 테니까요. '교수'라는 직업의 명예? 노르웨이에는 그런 것이 전무합니다. '교수'는 그냥 숙련공의 일종으로 인식되고 특별한 권위 따위를 띠지는 않죠.

가끔 제 아이와 같은 반인 아이들의 부모들을 만나서 '교원'의 생활 방식에 대해 이야기를 나누곤 합니다. 그러다 문득 그들이 저를 좀 불쌍히 여기는 듯한 기색을 느끼게 됩니다. 보수는 배관공보다 적으면서 학회 참석 등으로 외유 일수는 연간 60~70일이라고? 그러면 몸이 너무 힘들지 않으냐, 만성적 여독에 시달리지 않느냐, 육아가 어렵지 않으냐 등등의 질문을 계속 받곤 합니다. 그들의 입장에서는 제가 노르웨이의 3D 직종인 '대학교원업'에 종사하며 고생하는, 불쌍한 동유럽 출신의 이주 노동자인 셈입니다.

자본주의 사회마다 당연히 사회적 위계 서열이 있습니다. 노르웨이가 자본주의 사회인 이상 당연히 노르웨이에도 각종 서열이 존재합니다. 예컨대 주로 백인 중산층 이상이 사는 오슬로 서부는 주로 노동계급 이민자가 사는 동부보다 기대수명이 약 5년 깁니다. 사무실에 앉아 커피를 마시면서 자판기를 두드리는 사람들은, 공사장에서 일하는 사람들보다 덜 아프고 더 오래 산다는 의미죠. 그런 것만 봐도 노르웨이 사회를 '사회주의'로 오인해서는 안 된다는 생각이 듭니다. 그런데 오슬로와 그 주변에 '강남' 같은 중상층 위주의 동네들이 있다고 해서, 그곳 출신들이 명문대를 독식합니까? 그렇지 않죠. 명문대란 개념부터 존재하지 않으니까요. 모든 종합대학이 공립이고 어느 대학을 나오든 미래의 운명에는 그다지 영향을 끼치지 않습니다.

한국에서는 서울대 출신들이 청와대 고위직이나 삼성 등 주요 재벌의 임원직을 독식하는 반면, 노르웨이의 최대 재벌인 에퀴누르(국가가 지분의 약 70퍼센트를 소유하는 초대형 석유 회사)에는 오슬로대 출신들이 그다지 없습니다. 최고 경영자는 오슬로대와 관계없는 오슬로경영대학 출신이고요. 오늘날의 (우파 연합) 내각에서도 오슬로대는, 예컨대 베르겐대나 트럼셔대에 비해 많은 자리를 차지하지 않습니다. 아니, 애당초 장·차관의 출신 대학에는 아무도 관심이 없습니다. 어차피 이런 부분들이 정치나 인사정책에 전혀 영향을 미치지 않으니까요. 그러니 강남이 있어도 8학군이라는 개념이 없는 것이 노르웨이의 현실입니다. 즉 서열이 있다 해도 그 모양은 한국과 몹시 다릅니다.

뭐가 가장 다를까요? 일단은 권력, 즉 사회적 '힘'의 분산이 많이 진행되었다는 점입니다. 예컨대 저는 제가 다니는 대학의 총장 이름을 잘 모릅니다. 필요한 경우 홈페이지에서 확인하면 됩니다. 평소에는 총장이 누군지 관심도 없고 잘 알지도 못합니다. 학부장의 이름은 얼마 전에야 알게 됐습니다. 저와 학부장이 함께 주노르웨이 한국 대사관의 초청을 받은 적이 있었기 때문에 그때 학부장의 이름을 알게 되었죠. 총장의 이름도 학부장의 이름도 모르면서 어떻게 교원의 일을 수행하냐고요? 어차피 모든 중요한 일들을, 심지어 인사(신임 교원 임명)까지도 최하 단위인 학과에서 결정하고 마지막에 형식적으로만 결재를 받으니까요. 그러니 총장이나 학부장과 별 관계를 맺지 않고도 잘 살 수 있는 거죠.

그리고 권력의 분산과 함께 사회의 상당 부분이 평준화되어 있습니다. 예컨대 '명문대'와 같은 괴물의 출현을, 국가가 정책적으로 예방하고 있는 것이죠. 모든 대학에 지원을 균등히 배분함으로써요. 마찬가지로 공공 의료 체제가 계속 유지되는 이상 의사들의 임금 수준이 지나치게 높아질 수 없으며, 〈SKY캐슬〉에 나왔던 '괴물 의대'의 출현도 어느 정도 막을 수 있습니다. 결국 자본주의국가인 만큼 서열이 있어도 권력의 분산과 정책적 평준화 등으로 이를 완화시킬 수 있다는 것이죠.

거기에 비하면 대한민국의 서열은 그냥 수직적인 직선입니다. '듀오' 같은 결혼 정보 업체들의 매칭 기준을 한번 보시죠. 거기에 이 수직적 직선의 기준들이 모두 나오니까요. 대체로 부모의 재력이 본인의 화려한 스카이 학벌로 이어져야 하고, 이런 스카이 학벌을 바탕으로 재벌, 정부조직, 학계에서 역시 일률적인 직선에 따라 서로 경쟁하면서 '출세의 가도'를 달려야 합니다. 참, 이런 획일적인 '출세 루트' 시스템은, 한국에서 완전히 상식적인 것이기에 모두가 당연시하지만, 여기 노르웨이 사람에게는 도저히 설명할 수가 없습니다. 제 학생들의 입장에서 보면, 수업을 준비하고 채점을 하느라 하루 여덟 시간 이상 일해야 하는 저 같은 사람보다는 제 이웃에 사는 택시기사 분이 훨씬 행복한 것이니까요. 돈도 더 많이 버는 데다 해외 학회에 참석하기 위해 비행기를 탈 필요도 없습니다. 그게 노르웨이 사람들이 생각하는 '행복'입니다. 한국에서는 대학교원을 '교수님'이라고 높여 부르고 고위직으로 여긴다고 말해주면 그들은 집단 상상 속에 자리한 신분의 피라미드에 매달린 채로 행복을 놓치는 사회를 신기해하기만 합니다.

노르웨이가 이상적인 사회는 아닙니다. 여기에서도 재산의 불평등부터 은근한 인종적 편견까지, 자본주의 사회에서 예상할 수 있는 모든 폐단이 나타납니다. 재산의 많고 적음, 거주지의 좋고 나쁨도 당연히 있고요. 그런데 노르웨이에 서열이 있다면, 대한민국에는 서열밖에 없습니다. 김학의나 '××일보'의 사주 일가 같은 괴물들을 키워낸 것이 바로 이 서열이죠. 방 모씨처럼 피라미드의 맨 꼭대기에서 태어난 사람 중에 제 정신인 사람은 극히 드뭅니다. 괴물들을 퇴치하고 방지하려면 피라미드를 수평화해야 합니다. 대학 평준화, 의료 공공화, 재분배 시스템을 통한 재산 격차의 억제 등, '헬조선'을 벗어나려면 이 길밖에 없습니다.

존엄할 권리

대한민국의 (긍정적인 의미에서!) 놀라운 점은, 구미권 등에 비해 매우 높은 대중적 교양 수준입니다. 이게 노심자(勞心者)가 노력자 (勞力者) 위에 군림해온 유교적 관료 사회의 유산인지, 근대적 계몽 계획의 여열인지, 아니면 둘 다 습합된 것인지는 잘 모르겠습니다. 어쨌든 타문화권 출신이 보기에, '보통' 한국인의 '일반 상식'은 정말로 놀라울 정도입니다. 노르웨이나 러시아 같으면 심리학 전공자들이 아니면 '매슬로(Abraham H. Maslow, 1908~1970)의 욕구단계설'을 아는 사람이 거의 없을 것입니다. 학교 선생들도 모를 가능성이 높죠. 그런데 제가 대한민국에서 만난 상당수의 중고등 학생들은 저와 그 관련으로 이런저런 이야기를 나눌 수 있을 정도로 매슬로의 이론을 잘 알고 있었습니다. 저도 교양에 약간 미친 면이 있어서 그럴 때마다 '역시 한국은 다르구나'라고 감동하곤 했죠.

그런데 한국에서 이렇게도 널리 알려진 욕구단계설은, 사실 제가 보기에는 전혀 완벽하지 않습니다. 그 설에 의하면 의식주와 수면 그리고 성에 대한 욕구는 '1차적인' 생리적 욕구인 반면, 타자로부터의 인정 내지 존중은 겨우 '4차' 정도 되는 것입니다. 글쎄, '생리적 욕구'와 '인정 욕구'를 구분하는 것은 좋지만, 이 두 욕구를 서열화하는 것에 대해서는 상당수의 심리 전문가가 반대하고 있습니다. 문외한인 저도 좀 회의적인 생각이 들고요.

　사실 우리는 역사상 의식주 해결이 불완전하거나 성욕 등을 채우지 못하면서도 나름 유의미하고 행복한 삶을 사는 사람들의 전례를 얼마든지 발견할 수 있습니다. 서방의 프란체스코 회 같은 금욕주의적 수사·수녀 집단, 아니면 동서고금의 혁명적 열성자, 아니면 궁핍 속에서도 자존감을 잃지 않았던 신채호(1880~1936) 선생 같은 '안빈낙도(安貧樂道) 타이프'의 조선 선비들을 생각해보면 무슨 말인지 바로 아실 것입니다. 배도 고프고 주거도 남루하고 삶도 위험하고 섹스 파트너도 일시적 또는 항구적으로 없고 잠도 충분히 자기가 힘든데도 행복할 수 있는 이유는 뭘까요? 의미 있는 일을 하면서 '자기실현'을 하는 것도 중요하지만, 무엇보다도 수사, 수녀, 혁명적 열성자, 선비는 타자로부터 존중받을 수 있기 때문입니다. 그러니까 '4차 욕구'가 어떤 상황에서는, 어떤 문화권의 어떤 인간형들에게는 일부 '1차적 욕구'를 대체할 수도 있는 법이죠.

한번 반대로 생각해봅시다. 1910년에 나라가 망했다고 해서 대다수 조선인의 '1차 욕구' 충족도가 바로 떨어졌을까요? 꼭 그렇지는 않습니다. 당시에는 쌀 수출량의 증가와 소작료 인상으로 농민에 대한 지주의 수탈이 가중된 동시에, 농작물의 품종 개량 등으로 작황이 약간 나아지기도 했습니다. 가면 갈수록 빈농의 밥상에서 잡곡이 백미를 대체했지만, 크게 보면 빈농의 경우 그냥 '찢어지게 가난한' 이전의 상황이 지속된 겁니다. 도시 노동자의 경우에는 품삯이 떨어졌다기보다는 새로 유입된 일본 노동자의 임금이 식민지 정착민에 대한 가봉(加俸, 추가분) 등으로 더 높이 책정되어, 상대적으로 '차별'받았던 것뿐입니다. 임금의 절대 액수는 그냥 거북이걸음으로 약간씩 올라가고 있었고요. 도시 중간 계층들은 오히려 소비 생활이 다양해진 면도 있었죠.

그런데 나라가 망했다고 해서 1차 욕구들에 대한 불만이 갑자기 커진 것도 아니라면, 왜 하필 101년 전인 1919년 3월 1일에 수백만 명이 일제의 총검을 두려워하지 않고 길거리로 쏟아져 나와 '독립만세'를 부른 걸까요? 답은 명료합니다. 사회심리적 차원에서는 1차 욕구가 문제가 되었다기보다는 타자와 자신들로부터의 '인정 욕구', 즉 일제의 식민화와 차별이 허락하지 않았던 '자존감'이 문제였던 거죠. 인간은 의식주나 성욕 해결을 위해서도 가끔 목숨을 위험에 노출시키지만, 3.1운동의 경험이 보여주듯이, '자존감을 갖기 위해서'도 얼마든지 목숨을 내놓을

각오로 집단행동에 나섭니다.

그러니까 '인정 욕구'란 '생리적 욕구'와 형식상 구분되지만, 사실상 사회적인 동물인 인간에게는 생리적 욕구 이상으로 강할 수도 있습니다. 의식주와 성욕이 해결되어도 '무시를 당하면서 사는' 삶은 지옥 중의 지옥이죠. 이제 대한민국의 현실을 둘러보면서 스스로에게 솔직하게 이야기해봅시다.

2018년 1월 한국 노동연구원이 20~50대 직장인 2,500명을 조사한 결과, 66.5퍼센트가 지난 5년 동안 직장 내에서 괴롭힘을 당했다고 대답했습니다. 괴롭힘의 종류는 정말 천차만별이죠. 가장 흔한 것은 지나친 요구와 '이것도 못하느냐?'는 면박 그리고 폭언과 인격 모독이었고, 다음으로 흔한 것은 "너, '남친' 있어?"와 같은 상사나 고참 등의 사생활 침해이고, 그다음으로 흔한 것은 각종 성희롱과 폭력 등입니다. 쉽게 이야기하면 과반수의 한국 노동자들은 의식주보다, 성욕보다, 어쩌면 목숨보다 더 귀중할 수도 있는 '자존심'을 포기하면서 밥벌이를 해야 한다는 거죠. 직장 생활 중에 폭언을 한두 번 들은 사람은 열 명 중 아홉 명이고, 폭력을 경험한 사람은, 조사마다 조금씩 다르지만 12~17퍼센트 정도입니다.

이 나라에서 한 번이라도 짓밟히지 않고 직장 생활을 마친 사람이 과연 몇 명이나 될까요? 직장 생활 중에 밟히지 않고 의식주를 해결하는 것이 기본 인권에 속하지만 이 인권은 대한민국에 존재하지 않습니다. 뭐, 직장갑질을 처벌하는 규정과 방지해야 한다는 법은 있지만, 효력은 그다지 크지 않은 것 같습니다.

저는 정치인이 아닙니다. 당적은 있지만(노동당입니다) 교육·연구·저술 노동자로서 밥벌이하느라 거의 다른 일을 못 합니다. 그런데 헌법에도 언급되는 3.1운동을 생각하면서 국회의원 나리들에게 요청하고 싶습니다. 인격권과 존엄권, 즉 인격을 존중받을 권리 같은 것을, 집회, 결사, 양심 등의 자유와 함께 헌법에 명기해달라고요. 그리고 특히 직장 내의 인격권과 존엄권 침해를 방지하는 법이, 효력을 제대로 발휘하기를. 그렇게 되지 않으면 다시 길거리에 나와서 '갑질 타도, 인격 존중 만세'를 외쳐도 괜찮을 듯합니다. 고함, 면박, 멱살 잡기, 폭언, 사생활 침해, 성희롱을 비롯한 각종 희롱, 인격 모독의 왕국에서는 인간이 아무리 1인당 연간 4만 달러의 소득을 올린다고 해도 단 한 시간, 아니 단 1분도 행복할 수 없을 테니까요.

탈脫학벌, 완전하고도 철저한 파괴

대한민국은 아마 세상에서 가장 '지능적인' 사회일 듯합니다. 지식의 유통이 너무나 활발하고 지식은 가장 중요한 재화로 통합니다. 예컨대 한국처럼 학교에서 고강도의 수학을 가르치는 사회는 세상에 아주 드물죠. 평균적 한국인의 교양과 지식량은 평균적 서구인에 비해 훨씬 높을 겁니다. 동시에 한국처럼 '문화적 자본'으로서의 지식, 즉 사회적 신분이 되어버린 지식이 곧장 권력이 되는 사회도 아주 드뭅니다. 지금 문재인 정권도 그렇지만 보통 한국 내각에서 교수 출신의 비율은 적어도 25~30퍼센트 정도 됩니다. 그러니까 하버드 등에서 받은 박사학위와 대학 재직 증명서가 한국에서는 바로 '권력'으로 연결된다는 뜻입니다. 그리고 한국처럼 '학벌'이 모든 사회생활의 중심, 그러니까 사회적 존재의 중심이 되는 사회도 정말 찾기 힘들 것입니다.

지난 15년간 정권이 두 번이나 극적으로 바뀌고 두 명의 인권 변호사 출신 대통령이 탄생했음에도 한국 사회는 탈(脫)학벌에 계속 실패해왔습니다. 역대 정부 고위직의 서울대 출신 비율(집권 100일 차를 기준으로)을 비교해보시죠. 노무현 정부 때는 45퍼센트였고 문재인 정부 때인 현재는 42퍼센트입니다. 육사 출신 비율이 높았던 '근혜 공주'의 적폐 정권 때에는 오히려 33퍼센트로 떨어졌는데……. 슬픈 아이러니죠. 어쨌든 권력을 극우가 잡든 리버럴이 잡든, 심지어 대학 졸업장이 없는 노무현 대통령이 잡든, 어떤 경우에도 학벌 엘리트 기득권은 그대로 유지됩니다. 그리고 극우 진영을 보든 리버럴 진영을 보든 학벌주의에는 그다지 큰 차이가 없습니다. 2016년의 20대 총선 결과를 보면 253명의 지역구 당선자 중에 서울대 출신은 67명이나 됐습니다. 그런데 새누리당이나 더불어민주당 내의 서울대 출신 당선자의 비율은 크게 다르지 않았습니다. 그러니까 학벌주의는 초당파적인 현상이라고 보시면 됩니다. 강남 우파가 해먹든 강남 좌파가 해먹든 학벌 엘리트가 여전히 한국 사회를 요리하고 있는 거죠.

학벌 피라미드 문제가 미해결 상태로 남아 있는 이상 교육 정상화는 불가능합니다. 어떤 '개혁'을 해도 금수저 자녀들의 스카이행과 학력을 통한 신분 세습을 도저히 막을 수는 없습니다. 봉사를 비롯한 각종 활동, 면접 등의 대입 비중을 늘리면 금수저들은 컨설팅 업체 등을 통해 자녀들의 각종 활동을 뻥튀기하여 자녀들을 억지로라도 스카이에 집어넣을 것이고, 옛날대로 수능성적 중심의 시스템을 운영하면 입시 학원들의 배를 계속 살찌우는 것이고……. 말 그대로 진퇴양난입니다. 그러니까 초등학교 고학년 때부터 입시 지옥이 시작되는 오늘날과 같은 상황을 타파하자면 학벌 위계 질서 자체에 대한 완전하고도 철저한 파괴가 필요합니다.

블라인드 채용이나 각종 지원서의 학벌 기재 금지만으로는 불가능할 것입니다. 서울대는 일단 지구상에서 사라져야 합니다. 즉 제주대가 국공립대 통합 네트워크에서 '제1호 대학'이 되고 서울대가 '제19호 대학'이 된다면, 그리고 모든 국공립 대학에 대한 국가 지원에 하등의 차별이 없다면 오늘날과 같은 서울대 왕국을 해체해버릴 수 있을 것입니다. 그다음에는 블라인드 채용이 아닌, 국고 지원을 받는 모든 기업과 기관의 '인재 균등 채용'을 의무화해야 합니다. 즉 구(舊) '수도권 명문대' 출신 한 명이 채용될 때마다 '지잡대' 출신 한 명도 반드시 함께 입사시켜야 하는 거죠. 스카이와 '수도권 명문대'의 독점권을 혁명적 수단으로 파괴하지 않으면 오늘날의 교육 참사는 무제한 이어질 것입니다.

정말 교육 혁명이 필요합니다. 학벌 피라미드가 사라지지 않는 이상 이 나라는 영원히 '대한민국(大恨懣國)'으로 남을 테니까요.

4장 __ 과거의 유령들

트라우마 해결의 전제조건

세상살이에서는 '시간'이 아주 많은 것을 해결해주는 것 같습니다. 사회적으로도 개인적으로도 그렇습니다. 예컨대 그런 사례를 생각해볼까요. 1812년, 프랑스와 러시아가 전쟁 중일 때 나폴레옹(1769~1821)이 러시아로 진입해서 모스크바까지 쑥대밭으로 만들었습니다. 그런데 당시의 '나폴레옹 침공'을 이유로 지금 '반불 감정'을 갖는 러시아인들이 있나요? 지금은 물론, 19세기 중반에도 거의 찾아보기 힘들었습니다. 러시아는 본래 10년마다 전쟁을 몇 번씩 치르는 군국(軍國)입니다. 코카서스 정복 전쟁, 1831년의 폴란드 독립 운동 진압, 몇 번이나 치러진 터키와의 전쟁, 1848년 헝가리 민족 운동 진압……. 이러다 보니 나폴레옹과의 전쟁은 어느덧 현재와 무관한 '과거'가 되고 말았습니다. 한편 1941~1945년의 독소 전쟁에 대한 기억은 지금도 강렬하게 남아 있지만, '반독 감정'은 그다지 강하지 않습니다. 오히

려 '적'으로 인식되는 것은 독소 전쟁 시절 동맹국이었던 미국이
지요. 냉전과 신냉전이 이처럼 반독 감정을 상대화시키고 미국
을 핵심적인 '적대적 타자'로 만든 것입니다.

　개인적 차원에서는 어떤 트라우마들이 수십 년, 또는 죽을
때까지 사람을 놓아주지 않고 괴롭히지만, 어떤 트라우마들은
몇 년, 몇십 년 뒤에 자연스럽게 '해소'되기도 합니다. 예컨대 저
는 중학교 시절 왕따 가해에 노출된 뒤로는, 그 가해자들을 약 30
년 동안 악몽 속에서 계속 봤습니다. 그런데 요즘에는 그런 악몽
을 꾸지 않고, 가해자들을 떠올려도 아무런 감정이 일어나지 않
습니다. 저는 러시아가 후진 지역이라서 왕따 가해를 방지하지
못한 것이라고 생각했지만, 노르웨이에서도 왕따 피해로 자살하
는 학생들의 이야기를 듣고는 이 현상의 보편적 심각성을 확인
하게 되었습니다. 그 뒤로는 이 현상이 사회화 과정에 있는 어
린아이들의 소사회에서 생겨나는 폭력적 위계 질서란 것을, 그
러니까 '인류' 전체의 문제라는 것을 깨닫게 되었습니다. 덕분에
제 개인적인 불행을 어느 정도 보편화시킬 수 있었습니다. 침팬
지 수컷들과 상당수의 남성 어린이들이 힘센 순서로, 즉 상대방
을 때릴 수 있는 순서로 서열을 이루는, 매우 비슷한 행동 패턴
을 보입니다. 사회가 수컷의 폭력성을 통제하지 못하는 이상 가
해는 자연스럽게 발생할 수밖에 없다는 것이 저의 결론입니다.
어느 나라, 어느 사회든 큰 차이가 없습니다.

시간은 만능이 아니지만, 트라우마를 해소시키는 데는 탁월합니다. 이때 몇 가지 전제 조건이 붙습니다.

첫째, 가해자와의 분리가 매우 중요합니다. 러시아가 프랑스나 독일의 통치를 받은 것도 아니고, 친불 내지 친독파가 러시아 지배층을 독식한 것도 아니기에, 전쟁 당시의 피해는 시간이 지나면서 비교적 쉽게 망각될 수 있었습니다. 마찬가지로 저도 중학교 시절의 가해자들을 졸업 이후 본 적이 없고, 이제는 서로 신냉전을 벌이고 있는 두 개의 다른 '세계'에서 각각 살아가고 있습니다. 갈수록 제가 사는 서방과 러시아가 서로 멀어지면서 그 사이의 '거리'만 벌어질 뿐입니다. 과거에 완전히 다른 세계에서 일어난 일에 과연 언제까지 심적으로 매달릴 수 있을까요?

둘째, 가해자가 본질적으로 바뀌면 과거의 가해가 상대화됩니다. 나폴레옹은 결국 몰락했습니다. 현재의 독일은 히틀러 시대(1933~1945)와는 달리 스스로 전쟁할 능력을 갖추지 않고 있습니다. 완전히 만족스럽지는 않지만, 그래도 나치당의 주요 범죄자들은 재판을 받았거나 공공 무대에서 쫓겨났습니다. 90세가 넘은 노인이라도 유대인 수용소나 포로 수용소 등에서 보초라도 섰던 전력이 있으면 독일에서 재판을 통해 유죄 판결을 받곤 합니다. 아무래도 이런 상황에서는 '반독 감정'을 계속 갖는 것이 부자연스러운 일이겠죠? 더구나 승리를 거둔 소련군이 독일 민간인들을 다룬 방식도 국제법을 준수하지는 않았으니까요.

한국에서 (북한에서도) 70년 이상이 지나도 반일 감정이 수 그러들지 않는 이유는, 즉 시간이 식민화의 트라우마를 해소시 키지 못한 이유는 위에서 이야기한 전제 조건들이 충족되지 않 아서입니다.

가해자에게 부역한 사람들을 혈통적, 제도적으로 이은 후계 자들이 계속 한국 사회를 관리하고 있는 것이 현실이니까요. 재 미있게도 노무현 시절의 친일반민족행위진상규명위원회마저도, 예컨대 삼성 이병철의 친일 부역이나 전쟁 폭리 행위, 즉 일본군 에게 납품했던 행위를 조사 대상으로 삼지는 못했습니다. 한국 국내총생산의 5분의 1을 독식하는 괴물 같은 재벌의 과거에 친 제국주의 부역이나 부정 축재가 끼어 있어도 이걸 '국가'가 문제 삼을 '힘'이 없는 것이죠. 그게 한국의 현실입니다.

게다가 가해자도 전혀 바뀌지 않았습니다. 고이즈미, 하토 야마, 아베, 아소 등 일본 총리들이나 주요 장관들의 계보만 봐 도 대부분이 메이지 시대와 쇼와(昭和) 시대에 자산가나 고관대 작을 배출한 '명문가' 출신들입니다. 독일에서는 '히틀러의 소련 침공은 잘한 일'이라고 공언하는 순간 공인으로서의 인생은 마 감됩니다. 홀로코스트를 부정하거나 합리화하는 것은 형사 처벌 의 대상이고요. 하지만 일본 정부는 한국을 '합방'한 것이 '당시 에는 합법'이었다는 입장을 바꾸지 않고 있죠. 위안소 운영에 연 루된 군인들을 재판하는 것은 아예 불가능한 일이기에 요즘에는 피해자 지원 단체들이 요구조차 하지 않을 정도입니다. 어차피 이루어질 리가 만무하니까요.

　이런 이유로 시간도 일제 식민화의 트라우마를 아직 해소해주지 못했고 이런 상태는 앞으로도 오래갈 것 같습니다. 일본도 한국도 본질적으로 바뀌어야 비로소 해결이 가능해질 문제입니다.

일본에 대한 기억의 지형

학생들에게 이런 질문을 자주 받습니다. 한국의 경우에는 일제 강점기도, 예컨대 영국의 인도 지배보다 약 일곱 배나 짧게 겪었고, 해방 시기도 세계사적으로 비교적 이르고(아프리카의 많은 식민지들은 1960년대에 해방됐습니다), 해방의 방식도 원한을 크게 남기는 독립전쟁이 아닌 제3자들의 '개입'에 의한 것이었는데, 한국의 반일 감정이 인도, 인도네시아, 베트남 등 옛 식민지의 옛 식민 모국에 대한 감정보다 나쁜 이유가 뭐냐는 거죠. 비슷하게 일제 식민지 경험을 가진 대만 학생들이 이런 질문을 자주 던지고, 영국의 식민지를 경험한 싱가포르 학생들도 이런 부분을 많이 궁금해합니다.

결국 저는 '옛 식민지가 옛 식민 모국에 대해 부정적인 집단 정서를 갖게 하는' 요인들이 뭔지 정리해봤습니다. 세계사적으로 보면 대체로는 다음과 같습니다.

1-1 과거에 대한 나름대로의 '정리', 그리고 식민지 시대 토착
　 엘리트의 '교체'가 잘 이루어질수록

1-2 옛 식민 모국에서 옛 식민지 출신에 대한 사회적 통합이
　 잘될수록

1-3 식민지 시대에 식민 모국이 차별을 완화해 사회 통합 정책
　 을 많이 진행할수록

1-4 식민 지배 종식 이후 다른 외부 집단의 폭력을 많이 체험
　 할수록

식민지 시절에 대한 기억의 지형은 비교적 '덜 나쁜' 쪽으로
형성됩니다. 예컨대 인도, 인도네시아, 베트남의 경우에는 식민
지 시절의 토착민 관료들이 아닌 독립운동가들이 정권을 잡았는
가 하면(1-1), 영국 같은 나라에서는 한때 인도 출신 이민자들이
비교적 쉽게 시민권을 획득할 수 있었습니다. 지금 영국은 홍콩
주민들에게도 비슷한 정책을 실시하고 있습니다(1-2). 우즈베키
스탄 같은 구소련 후계 사회로 가면 구소련에 대한 감정들이 비
교적 좋은 편입니다. 역시 구소련 시절에 러시아인과의 '차별'을
적어도 '정책' 차원에서는 느낄 필요가 없었고, 동등하게 복지
정책의 대상이 됐다는 점이 크게 작용한 것 같습니다(1-3). 그리
고 대만 같은 경우에는 일제 식민 시절 이후 후퇴한 국민당 군에
게 사실상 다시 점령을 당하고, 대륙 출신의 '외성인'들에게 '제

2의 식민 지배'를 받아온 탓에 일제 식민 시절에 대한 기억들이 상대화되었습니다(1-4). 그러나 이 네 가지 항목 중에 대한민국에 해당되는 것은 하나도 없습니다. 탈식민화 이후 제1공화국 장관들 대부분과 제3공화국의 대통령까지 모두 식민지 토착 관료 출신들이었습니다. 일본에서는 재일조선인들이 사회 통합이 아닌 배제와 차별의 대상이 됐고요. 식민지 시절에는 조선인에 대한 노골적인 임금 차별 등이 끝까지 지속되었고, 식민 지배 종식 이후 남한에 들어온 미국은 직접 지배가 아닌 간접 지배의 방식을 택했습니다. 그래서 한국에서 일본에 대한 기억의 지형은 대체로 부정 일변도로 잡히지 않을 수 없었습니다.

그러나 또 한편으로는,

2-1 애당초 식민 지배 세력에 의해 폭력적으로 '망국'을 당한 근대형 국가가 있었다면

2-2 계속 피식민자들의 독립 운동이 폭력적으로 탄압당했다면

보통 탈식민 이후 기억의 지형은 부정적으로 형성됩니다. 예컨대 싱가포르의 경우 영국에 의한 식민화 이전에 믈라카의 술탄을 정점으로 하는 왕조 국가가 있었지만 식민화 이후 대부분의 주민을 구성한 화교들은 그 국가와 무관했습니다. 그리고 싱가포르를 기지 삼아 무역 등에 종사했던 신흥 화교 부르주아 집

단은 '항영 투쟁'을 하기보다는 식민 권력과 일종의 블록을 만들었습니다. 좌파적 화교들도 적지 않았지만 그들의 주된 저항 형태는 중국 공산당에 대한 후원금 송금이었고요.

그런데 한국의 경우는 판이하게 다릅니다. 대한제국은 절대왕권 국가였지만, 분명히 '근대국가'를 지향했고, 이미 1900년대에 근대적 민족주의를 배태했습니다. 그리고 일제에 대한 민심이 하도 좋지 않았기에, '명분'의 차원에서라도 온건 부르주아 세력마저도 항일 투쟁을 하는 시늉이라도 해야 했습니다. 1920년대 좌파는 〈동아일보〉를 타협적 민족주의로 분류했습니다. 당시 〈동아일보〉가 가장 크게 선전한 '영웅'('성웅')은 김성수(1891~1955)와 편지 교환을 한 번 했던 인도의 간디(1869~1948)였습니다. 김성수-김연수(1896~1979) 형제의 본심이야 어떻든 간에 '운동'을 떠나서는 도덕적 정당성을 확보할 수 없었던 곳이 바로 당시의 조선 사회였습니다. 그 운동에 대한 탄압이 어땠는지는 굳이 이야기할 필요도 없겠지요. 한국 공안 경찰들이 일제강점기에 익힌 고문의 기술을 버린 것은 김대중 정권 때쯤의 일입니다. 1990년대 초반 사노맹 사건까지만 해도, 일제강점기와 비슷한 방식의 고문이 자행됐죠. 그러니 기억의 지형이 어떻게 형성됐겠어요?

사실상 뉴라이트와 엇비슷한 입장인 세종대 박유하 교수 등은 일찍이 2000년대에 '대일 화해' 담론을 꺼내기 시작했습니다.

하지만 피해 당사자들의 편에 서지도 않은 고급 '지식인'이 덮어 놓고 "없던 일로 하자. 화해!"라고 외쳐봐야 화해가 이루어질 리 만무합니다. 사실 진정한 의미의 화해를 위해 가장 많이 노력한 곳은 최근 마녀사냥을 당한 정대협, 정의연 같은 조직이었습니다. 계속해서 일본 내의 진보적 시민사회와 협조해왔기 때문이죠. 한국인의 대중 의식 속에서 '일제'와 '일본'이 각각 다른 층위를 차지하게 하려면, '일제'와 질적으로 다른 사고를 지니고 '일제'의 유산을 청산하고자 하는 '또 하나의 일본', '색다른 일본'이 더욱 가시화돼야 합니다.

그래서 저는 예컨대 세종대 호사카 유지 교수의 사회적 담론에 이의를 제기하고 싶은 부분이 많지만(기본적으로 호사카 교수는 아무래도 온건 자유주의자인 것 같습니다), 그가 진정한 의미의 '한일화해'에 뉴라이트들의 궤변보다는 훨씬 도움이 된다고, 나름 고맙게 생각합니다. 일본의 극우적 지배자들과 반대편에 서는 일본 출신들은 '화해'로 가는 길을 터주는 역할을 크게 하지요. 저는 지금도 후지이 다케시(藤井たけし) 선생님의 글들을 모두 챙겨서 꼼꼼히 읽고 있지만, 앞으로도 일본 진보적 지식인들의 기고를 한국 신문에서 자주 볼 수 있었으면 좋겠습니다. 이런 교류야말로 탈식민 '치유'에 도움이 되기 때문입니다.

우리의 거울

저는 북한을 전문적으로 연구하지는 않습니다. 그저 '코리아학' 범위 내에서 1차, 2차 자료를 종종 보는 수준입니다. 그러나 학생들 사이에 열화 같은 관심이 있기에, 문외한임에도 염치 불고하고 북한학을 가르칩니다. 그래서 북한학을 가르치다가 한 가지 느낀 부분을 공유해볼까 합니다. 전성기, 즉 김일성 주석 시절의 북한 문예 정책과 가장 비슷하게 느껴지는 것은 사실 같은 시대 남한의 대중문화 정책이었습니다!

김일성은 박정희와 한 가지 통하는 점이 있었습니다. 박정희가 미국의 '이기주의 본위의 문화'를 이해하지도 좋아하지도 않았듯이, 김일성은 당대(그러니까 스탈린 시대 이후) 소련 문화를 꽤 잘 알면서도 그다지 선호하지 않았습니다. 이유는? 사실 서로 같았죠. '지나치게 개인 본위이고 당의 교양 사업과는 무관하다'는 이유였습니다. 1970년대 북한에서는 그걸 '수정주의에 정신적으로 오염됐다'고 표현했습니다. 개인의 사랑 위주로 인간을 묘사하는 오쿠자바(Bulat Shalvovich Okudzhava, 1924~1997)의 시나, 초기 작품에서 폭력배의 세상을 꽤나 사실적으로 형상화한 비소츠키(Vladimir Semyonovich Vysotsky, 1938~1980)의 노래 시는 북한 문예 당국의 입장에서는 '오염', 그 자체였습니다. 그래서 북한 문학은 그런 '오염'에 노출되지 않게 아주 세밀히 '지도'됐습니다.

이렇게 지도를 잘 받아온 결과는? 요즘 작품들을 봐도 좀 묘한 느낌이 듭니다. 일면으로는 사실주의가 맞습니다. 고난의 행군, 굶어 죽은 사람들, 상상 이상의 고통들…… 이런 것이 모두 언급되긴 합니다. 그런데 한편으로는 너무너무 '건전한' 문학입니다. '남', 즉 '미제'나 '남조선'의 편이라면 당연히 각종 악한들이 있을 수 있지만, '우리' 편에는 부정적 주인공이 별로 없습니다. 인간은 약해서 실수를 저지르기도 하지만, '우리' 사람은 기본적으로 당적 양심이 있고 성품이 선합니다. 결국 거의 완벽한 알인욕존천리(遏人慾存天理)가 이루어지는 현장은 북한 문학 작품들입니다. 마르크스? 레닌? 이건 퇴계옹이 읽으셨다면 크게 기뻐했을, 그런 문학입니다. 그냥 퇴계옹이 '왕화(王化)', '교화'라고 표현하곤 했던 것을 요즘 말로 '혁명화'라고 고쳤을 뿐입니다.

가끔 저는 학생들에게 김교섭 작가의 《보통 사람들의 이야기》(2005) 같은 작품을 들려줍니다. 줄거리는, 주인공 김석이 전투(남북 교전?) 중에 전사한 전우의 어머니를 찾아가 봉양을 하며 같이 살게 됐다는 것입니다. 평양, 즉 '서울' 사람임에도 지방에 내려가서 전사한 전우의 어머니를 극진한 효심으로 모시는 거죠. 전우가 다하지 못한 효도를 대신 해드리면서요. 처음에 그의 여자 친구는 그가 지방에서 지내는 것을 안타까워하면서 사심(욕망)을 내비치지만, 결국 그의 교화(?)에 감화되어 지방으로 내려갑니다. 그리고 그를 내조(?)하면서 그가 봉양하는 어머니를 같이 극진히 모시죠. 저는《삼국사기(三國史記)》'열전(列傳)' 일부를 러시아어로 번역하고,《삼강행실도(三綱行實圖)》와《효경언해(孝經諺解)》를 읽은 적이 있었기 때문에《보통 사람들의 이야기》를 읽으면서 북한은 어떤 면에서 1970년대 이후 정말 '복고'에 성공했다는 것을 실감할 수 있었습니다. 어떤 면에서는 '열전 문학'을 부분적으로나마 부활시킨 것입니다.

그런데 남한에서 박정희가 원했던 것은 어떻게 보면 같은 방향이었습니다. 박정희는 미국의 1968년을 연상시키는 '퇴폐 문화'가 없는 '건전한 세상'을 만들고자 했습니다. 하지만 문학에까지는 그다지 손을 대지 않았습니다. 그의 인격과 세계관이 형성된 일제강점기 말에는 가와바타 야스나리(川端康成, 1899~1972)처럼 에로티시즘과 개인주의를 표방한 작가들이 아닌, 대중문화를 통한 '국민 총동원'에 초점을 맞추었습니다. 그래서 박정희도 그런 방식으로 작업한 것입니다. 그런 방식의 작업이란 장발 단속, 짧은 치마 단속, 대마초 단속, 신중현 같은 초기 로커들의 구속(과 고문), 방송에서 외래어 사용 제한, 세종대왕을 주제로 하는 국책 사극의 상영 등이었습니다. 뭐, 북한은 세종대왕이나 이순신의 '계급적 한계'를 지적이라도 했지만, 개인적인 성적 표현이나 '외래 퇴폐 문화'의 배척은 양쪽 모두 그리 다르지 않았습니다.

물론 김일성과 박정희 사이의 '차이'는 확실합니다. 전자는 식민지 시대 엘리트를 뒤엎고 (적어도 간부 아닌 일반인이) 비교적 평등하게 사는, 국가가 시장을 대체한 세상을 원했던 반면, 후자는 결국 식민지 시대 엘리트의 특권을 영구화시키고 말았습니다. 그런데 그 '지향의 차이'와는 별개로 두 사람 사이에는 상당한 '문화적 상통'이 존재했던 것 같기도 합니다. 두 사람 모두 국가 내지 민족 내지 당을 위해 개인이 희생돼야 했던 시대를 배경으로 성장했고, 두 사람 모두 주로 병영에서 사회화되었습니다. 결국 두 사람에게는 미국이든 소련이든 '개인'의 욕망에 지나치게(?) 민감한 현대 문화보다는 차라리 신하들이 군주를 보필하고 백성들이 왕화를 입어 삼강오륜을 익혔던 시절의 문화가 더 친숙했습니다.

그들이 권위주의적인 근대화 과정에서 진행한 '복고'의 영향은 꽤나 오래갔습니다. 마광수(1951~2017) 작가가 사실 아무것도 아닌 성적 표현으로 유죄 판결을 받은 것은 아예 민주화가 다 된 1995년이지 않습니까? 그런데 1990년대 후반부터 한국에서도 신자유주의 사회에 맞지 않는 '건전'에 대한 집착이 거의 사라지고, 북한에서도 외부로부터의 정보와 문화 (비공식적) 유입이 시작됩니다. 한국에서 일본 대중문화가 해금된 시기와, 북한에 불법 복제된 한국 비디오들이 들어가기 시작한 시기가 거의 겹칩니다.

한국에서 북한을 우습게 보거나 악마화하는 사람들을 가끔 봅니다. 그들이 제발 깊이 사고해보기를 바랍니다. '그들'과 '우리' 사이에는 사실 이렇다 할 '벽'이 없습니다. '그들'은 '우리'의 거울이지요. 북한의 아픔 많은 현대사는, 사실 한국의 현대사를 많은 면에서 닮은 것이기도 합니다.

과거가 돌아온다

한국에서 가장 자주 들을 수 있는 말은 '우리가 제때 친일파를 청산하지 못해서 지금까지도 사회적 문제가 되고 있다' 같은 표현입니다. 물론 틀린 말은 아닙니다. 친일파, 정확히 말해 식민지 시기의 토착 지배층은, 한국에서 계속 기득권을 키워나갔을 뿐, '청산'된 적이 없습니다. 그런데 생각해보면, 한국 근현대사에서 '청산'된 과거가 있기나 한가 싶습니다.

어디 친일파뿐입니까? 구한말에는 각종 토색질을 일삼는 민씨 척족 등 세도 가문 '권귀(權貴)'들의 국가 사유화 현상도 두드러졌습니다. 민씨 계열의 탐관오리 중에는 친일파가 된 사람도 적지 않았죠. 예컨대 일제강점기에 경성 최고의 부자 가운데 한 사람이며 일제로부터 자작의 작호를 받은 민영휘(1852~1935)는 가렴주구(苛斂誅求)로 재산을 모은 민씨 척족의 대표적 사례입니다. 조선 백성의 원성이 하도 높아, 1882년 임오군란(壬午軍亂) 때

민영휘의 집부터 방화당한 것이지요. 그런데 구한말에 국가를 오도하고 결국 일제 식민화 정책에 굴복한 탐관오리 중에 과연 '청산'된 경우가 있을까요? 민영휘의 손자인 민병도(1916~2006)는 이승만 시절에 한국은행 총재를 역임했고, 그 후손들은 지금도 대한민국의 '주류'를 이루고 있습니다. 희대의 악정으로 동학농민운동을 초래한 조병갑(1844~1911)은요? 고종으로부터 '근신' 처분을 받았을 뿐이고, 그 후손들은 일제강점기에 친일 언론 등에서 활약했지요. 그 증손녀인 조기숙 교수가 '증조부는 역사의 희생양'이라며 그의 가렴주구를 대놓고 변명해도 정계에서 쫓겨나지 않을 정도로 대한민국은 과거의 죄과에 관대한(?) 편입니다.

구한말과 일제강점기 이후에도 과거의 죄과가 '청산'된 적이 있습니까? 이승만 시대에 가장 번성했던 두 어용 재벌은 태창방직과 삼성이었습니다. 태창방직은 제1공화국의 몰락 이후 쇠망의 길을 걸었지만, 삼성은 그 뒤에도 승승장구해왔습니다. 제1공화국 독재 정권과의 유착 등에 대한 '청산'은 말도 꺼내기가 힘들었던 것이죠. 박정희나 전두환 시절에 정경유착으로 엄청난 돈을 벌었던 사람들이나 정권의 정적들에게 부당한 판결을 내렸던 법조인들이 과연 책임다운 책임을 진 적이 있을까요? 인혁당 사람들이 사형을 당하고 '울릉도 간첩단' 조작 사건의 피해자들이 고문을 당할 당시 검찰총장 출신의 신직수(1927~2001)가 중앙정보부 부장이었습니다. 손에 죄 없는 사람들의 피를 아주 많이 묻힌 그는 '청산'되기는커녕 거의 죽기 전까지 자민련에서 정치질이나 편하게 했습니다. 죽은 후에는 물론 현충원에 묻히고, 큰 사업가가 된 자손들은 아버지의 경력을 자랑 삼아 이야기했겠죠. 친일파뿐만 아니라 구한말의 탐관오리부터 최근 독재 정권의 형리들까지 '청산'된 것이 거의 없는 셈이죠. 살인마 전두환이 골프나 치면서 편안한 노후를 보낼 수 있는 곳이 바로 대한민국입니다.

제가 '과거사 청산'에 대해 다시 생각하게 된 것은 육군 대장 박찬주의 '삼청교육대 망언'을 듣고 나서입니다. 삼청교육대에 잡혀간 약 4만 명 중에 3분의 1은 전과도 없는 일반인이었습니다. 전과가 있었다고 해도 재판 절차도 없이, 변호권을 행사할 기회도 없이 사람을 잡아가는 것은 명백한 국가 범죄죠. 그냥 잡아간 것만도 아니고 야만적 폭력을 가했습니다. 그 후유증으로 사망한 사람이 수백 명에 달합니다. 박찬주가 누군가에게 강제노동수용소와 다를 것이 없는 삼청교육대에 다녀오라고 말할 수 있었던 배경은 뭘까요? 바로 '청산'의 부재입니다. 삼청교육대를 조직·운영한 국가 범죄의 주범들 중에 처벌받은 사람이 단 한 명이라도 있나요? 아무도 없죠. 그 피해자들이 얼마 전에야 보상을 받았지만, 국가가 망가뜨린 건강과 인생을 누가 다 보상할 수 있겠습니까?

이게 바로 문제의 핵심입니다. 과거 청산을 요구하는 것은 특정 개인이나 집단의 복수심 때문이 아닙니다. 청산되지 않은 과거가 틀림없이 돌아오기 때문에, 그 과거가 돌아오지 않게 하려면 청산을 해야 하는 것이죠. 민영휘와 조병갑들을 청산하지 않아서 권력 남용이나 부정 축재 같은 범죄들이 계속 이어지는 것이고, 이승만의 어용 재벌 삼성을 청산하지 않아서 이제 삼성이 국가 위의 지배 기관이 된 것입니다. 김기춘 같은 유신 시대 주인공들을 청산하지 않으면 그들이 언제든 다시 현역으로 돌아올 수 있는 것이죠. 삼청교육대라는 이름의 범죄를 처벌하지 않았기에 언젠가 극우들이 다시 권력을 쟁취하여 이런 유형의 인권 유린을 충분히 범할 수도 있습니다. 과거 청산은 예방 접종입니다. 예방 접종을 하지 않으면 큰일 날 수 있지요.

세계사적 맥락에서 역사 보기

우리나라 교육의 아주 큰 폐단은 세계사와 한국사를 따로 가르친다는 것입니다. 게다가 대개 선택 과목인 세계사는 선택을 받는 경우도 많지 않기 때문에 일반적인 고졸자나 대졸자는 '광무개혁(光武改革)'이나 '한일합병(韓日合倂)' 내지 '우리나라의 경제성장, 산업화, 민주화'를 어렴풋이는 알아도 세계사적 맥락에서의 의미는 전혀 모릅니다. 인식론적 민족주의라고나 할까요? 이런 식으로 배우면 '우리'에게 일어난 일들은 세계사적 맥락과도 무관하게, 오로지 '우리'만의 자랑 내지 '우리'만의 수치가 되고 말지요. 더구나 그 '우리'라는 범주 안에, 예컨대 중국 동포나 구소련 고려인들은 아예 포함되지 않고, 북한사도 매우 단편적으로만 언급됩니다. 결국 '대한민국 사람'은 학교 과정만 착실히 밟으면 오로지 대한민국의 통치자와 '지식인'들이 서술해준 '대한민국만의 과거'를 아는 인간이 됩니다. '북맹(북한을 잘 모르는 사람)'이 되는 것도 그렇지만, 예컨대 동남아 여행을 다니면서 "그런 데도 역사가 있느냐"고 순진하게 묻는 사람이 되는 것이죠. 통탄스러운 일입니다.

한국사를 세계사적 맥락에서 가르치면 훨씬 재미있을 뿐만 아니라 교육 수요자의 역사적 상상력도 훨씬 많이 자극할 수 있습니다. 하지만 아직 역사학계조차 일제강점기식으로 '국사, 동양사, 서양사'로 삼분되어 있는 상황에서는 이런 교육이 쉽지 않을 것입니다. 일제강점기 관학자들에게는 '세계 무비(無比)의 만손일계 천황을 모시는 신들의 나라 일본'의 과거를 보편사적 맥락에서 가르치는 것이 '이단'으로 보였겠지만, 우리가 지금도 그렇게 생각할 필요가 있을까요? 어쨌든 보편 세계사적 맥락 속에서 한국 근현대사를 본다면 몇 가지 중요한 지점들이 보입니다.

ㅡ국가 주도의 개발. 남북한 사이의 수많은 공통점 중 하나는, 양쪽의 초고속 개발이 바로 '국가'에 의해 견인됐다는 것입니다. 아예 양쪽이 '5개년 계획'을 공동적으로 채택했습니다. 차이라면 북에서는 국가가 경제를 '소유'까지 했다면 남에서는 개발 경제의 소유권을 주로 재벌에게 맡겼다가 나중에(1990년대 이후) 국가가 재벌의 행정 서비스 센터처럼 변질되었다는 것입니다. 사실 이와 같은 국가 주도의 개발은, 한국 근현대사의 '장기 추세'이기도 합니다. 일제강점

기도 관 주도의 경제였지만, '관 주도'라는 틀은 이미 대한 제국 시절에 확립되어 있었습니다. 광무 시절 관 주도 개발 의 중심은 궁내부였고, 궁내부 소속의 서북철도국(西北鐵道局, 광무 4~8년) 등이 '관영 공사' 역할을 했습니다. 서북철도국 은 영친왕(1897~1970)이 바지사장으로 있고 실제로는 이용 익(1854~1907)이 실세였지요. 대한천일은행(大韓天一銀行, 1899년 이후)은 우리에게 익히 알려진 '관치 금융'의 시초였습니다. 물론 고종과 이용익 등은 가까운 일본의 관 주도 개발 모델 을 참고했습니다.

하지만 크게 보면, 19세기 후반부터 신자유주의가 도 입되기 전까지 일부 핵심부 국가 이외에는 관 주도 개발이 '세계적 대세'였고 새로이 통일된 독일이 대표적이었죠. 이 에 힘입어 독일의 관 주도 개발의 상징인 비스마르크(Otto Eduard Leopold von Bismarck, 1815~1898)의 생애를 다룬《비사 맥전(比斯麥傳)》등이 구한말 지식인층 사이에서 베스트셀러 가 되었습니다. '5개년 계획'은 인도 같은 나라에서도 1990 년대 전까지 활용됐고, 관치 금융(공업 부흥을 이끌기 위해 국 가가 정한 낮은 기업 대출 이자율 등)은 핀란드에서 1980년대 말 까지 당연시되었습니다. 만약 남북한 산업화의 역사를 이 와 같은, 세계사적 시각으로 서술해주면 오히려 더 재미있 지 않을까요?

— 3.1운동. 1919년은 세계사적으로 1848년이나 1968년 같은 '지구적 반란의 해'였습니다. 그해 반란의 역사는 지구인들이 사는 오늘날 현실의 '기반'을 조성해주었죠. 1919년 암리트사르 학살로 잘 알려진 인도 독립 운동은 오늘날 '제3세계의 강대국'인 인도의 건국으로 이어졌고, 중국의 5.4 운동은 결국 '신중국' 건설로 이어졌습니다. 러시아는 1919년에 백위군과 교전했던 볼셰비키 정권의 후계 세력들이 지금도 통치하고 있죠. 반면, 미국에서 벌어진 대규모 파업 운동(100만 명 이상 참가)이나, 독일, 헝가리, 이탈리아 등에서의 급진적(사회주의적) 혁명 시도들은 처참하게 진압됐습니다. 그런 세계적 반란의 일환이었던, 3.1운동 지도부 중에 특히 만해 한용운(1879~1944) 등은 독일과 러시아 혁명에 아주 크게 고무됐습니다. 단, 독립을 '청구'하는 듯한 보수적 지도부와, 독립에다 소작지가 아닌 자기 땅까지 갖고 싶어 했던 많은 민초 시위자 사이의 '거리'는 엄청났습니다. 결국 이 '거리'에서 태어난 것은 만세 시위를 경험했던 사람들이 처음 만든 사회주의 운동이었습니다.

— 남북한 경제 개발 비교론. 북한 경제가 위기에 봉착한 것은 동구권 전반과 마찬가지로 1970년대 중후반입니다. 북한과 마찬가지로 서방에서 빌린 외채 상환 문제로 골머리를 앓

고 있던 폴란드 같은 나라에서는 이런 위기가 1981년의 정치적 위기로 이어지기도 했습니다. 1950~1960년대에 대단히 잘나갔다가 1970년대에 위기에 빠진 이유도 엇비슷했습니다. 양적 확장(새 공장 건설 등)의 한계점에 이미 다다른 데다, 질적 개선, 즉 서방 시장에도 내다 팔 만한 양질의 제품을 생산하기 위한 집중적 금융·기술 지원은 받지 못했기 때문입니다. 위기를 돌파하기 위해 중국은 1978년부터 개혁개방에 착수했고, 북한도 1983~1984년부터 합작 회사 허용 등 외자 유치에 착수했습니다. 하지만 북한의 노력은 미국 주도의 외부적 봉쇄로 실패했죠. 반면, 한국은 미-일로부터 재정적, 기술적 지원을 계속 받는 가운데 초기 산업화(포철 등의 철강 생산과 자동차 및 선박 생산 시작)에서부터 고품질 소비재 생산(1980년대 말 이후 대규모의 가전 수출)으로의 전환을 비교적 쉽게 이룰 수 있었습니다. 한국의 산업화가 성공한 비결은, 북한에서도 얼마든지 가능했던 내부 생산 자원(인력 등)의 동원도 국가 주도도 아니었습니다. 일차적으로 '외부 환경'이 중요했던 것이죠.

— 한국 민주화의 국제정치 비교론. 한국처럼 친미 반공 군사 독재와 싸웠던 브라질에서는 2003~2016년 사민주의적 성격의 노동자당이 집권했습니다. 한국에서는 엇비슷한 기

간 (2000년 이후)에 민노당이라는 이름의 엇비슷한 사민주의적 정당이 초기의 성공 이후 고립, 침체, 분열 등을 겪었고 이후 후계 세력 역시 지속적으로 약화되었습니다. 브라질은 노조 조직률(15퍼센트)도 한국(9퍼센트)보다 높지만, 무엇보다 노조 등 각종 사회운동 단체들의 상대적 급진성이 눈에 띕니다. 반면 한국에서는 노조 활동가들에 대한 대단히 지능적인 탄압부터 시작해서 국가나 기업의 국민이나 노동자에 대한 '관리' 능력이 월등히 높습니다. 조국, 이인영, 임종석처럼 과거 급진 운동을 경험했던 사람들이 아주 쉽게 자유주의 세력에 포섭되어, 정당, 정부 등에 스카우트되기도 하고요. 결국 남미 등과 비교한다면 한국에서는 지배 관벌과 재벌이 민주화의 급진성을 대단히 잘 '소거'시킨 것입니다.

세계사적 맥락에서 본다면 한국 근현대사(민중 반란의 역사부터 외부 조건에 민감한 관 주도의 개발 그리고 급진파를 무장 해제시키고 체제 속으로 빨아들이는 메커니즘까지)는 훨씬 체계적으로 이해될 수 있습니다. '국사'가 철폐되어 아이들이 세계 속의 한국 '역사'를 언제부터 배울 수 있을지, 궁금하기만 합니다.

혁명의 조건

7

저는 한국 현대사를 강의하다가 가끔 이런 질문을 받곤 합니다. '한국에서는 4.19 학생 혁명으로 민주화 운동이 시작되어, 군사 독재가 타도되고 1987년 이후의 민주화로 이어졌다. 그런데 북한에서는 왜 이런 일이 벌어지지 않았나?' '왜 한국과 대만은 민주화로 이동한 반면 싱가포르는 권위주의 통치 시스템이 영구화 됐는가?' 이 질문들에 대해 매우 단순화된 답변을 해보겠습니다.

계급사회의 구조가 안정화되기 위해서는 세 가지의 기본적 요소들이 갖추어져야 합니다. 첫째, 통치의 대상자이자 경제적 착취의 대상인 '민'은 통치자들의 명분 또는 정통성(legitimacy) 을 신뢰해야 하고, 둘째, 정치에의 참여 기회가 아니더라도 '민' 에 대한 동원(mobilization) 시스템이 작동하고 이를 통해 제한적 이나마 신분 상승의 기회가 부여되어야 하며, 셋째, 경제적인 재분배를 통한 '민'의 포섭(co-optation) 등이 필요합니다. 즉 치자와 피치자가 공동의 이데올로기적 명분을 공유하고, 일부 피치자에게라도 '출세의 길'이 열려 있으며, 적어도 일부의 잉여가 피치자들에게 재분배되면, 이 계급사회가 아무리 악질적이고 반인륜적이라고 해도 꽤나 오래갈 수 있습니다.

학생 운동권은 군부 독재자들을 '파쇼'라고 비칭하는 전통이 있었는데, 사실 근거 없는 이야기는 아니었습니다. 학도호국단만 해도 히틀러유겐트(Hitlerjugend), 즉 파쇼 독일의 청년단을 모방한 조직이었으니까요. 젊은 박정희의 애독서는 히틀러의 《나의 투쟁(Mein Kampf)》이었고, 정권이 주도한 상당수 관제 운동들의 계보는 일제강점기 말의 파쇼화 시기로 거슬러 올라갔습니다. 새마을운동만 해도 우가키 가즈시게(宇垣一成, 1868~1956) 총독 시절의 '농촌 진흥 운동', 그리고 그 뒤를 이은 '심전개발운동(心田開發運動)'을 사실상의 모델로 삼은 것이죠.

그런데 박정희나 전두환이 (주변부, 종속적) '파쇼' 성격을 지녔다 하더라도 그들과 '진짜 파쇼 종가'인 히틀러 사이에는 커다란 차이가 있습니다. 히틀러와 같은 자급자족 경제도 아닌 수출 본위의 경제를 '개발'해야 하는 주변부 종속적 파쇼들의 이데올로기적 주문('총화단결!', '유비무환', '한 손으로 싸우며 한 손으로 건설하자!' 등등)들의 효율은 재분배로 뒷받침되지 않을 경우 매우 제한적이었습니다. 1986년까지 최저임금제조차 없었던 나라에선 '재분배'를 이야기하기도 민망할 정도였죠. 민주공화당이나 민주정의당은 군부

쪽의 사람이 아닌 일반인에게 제대로 된 '정치 참여'의 기회를 폭넓게 주는 것도 아니고 관제 동원의 도구로서도 극도로 비효율적이었습니다. 결국 명분도 세우지 못하고 재분배로 '민'을 포섭하지도 못하고 '민'에 대한 동원에도 실패한 군부를, 일부 젊은 중산층(학생)과 노동자의 연합이 몰아내는 데 성공한 것이죠.

북한은 좀 다릅니다. 일단 (기원 차원에서는 좌파적인) 정권의 민족주의적 명분은 꽤나 강고합니다. 대부분의 국제정치 전문가들은, 비교적 가난한 소국으로서 독립적인 지정학적 주체로 기능하는 것은 북한이 거의 유일한 사례라고 입을 모읍니다. 그 지정학적인 주체로서의 입장이 북한의 '민'들에게 요구하는 '대가'(전국의 요새화, 남성의 10년 군 복무 등)는 엄청나게 크지만, 일단 그 지정학적 독립성과 주체성을 뒷받침하는 주체 이데올로기를 '민'들도 공유한다는 것이 중요했습니다.

유명무실화된 부분이 크지만, 적어도 형식적으로는 여전히 무상 의료와 교육 같은 재분배의 형태가 존재합니다. 이외에 국가에서 배정하는 주거 등은 여전히 무상입니다. 그리고 군 복무를 하면서 입당에 성공하면 하급 관리직에 진출할 수 있는 등 당-국가의 동원 메커니즘은 여전히 제한적이나마 '출세'의 가능성을 제시합니다. 이런 상태에서는 민주화 등의 형태로 이 정권이 무너지거나 물러날 가능성이 거의 없다고 봐야 합니다. 즉 1987년 이전에는 남북이 공히 '독재'였지만, 당-국가 시스템의 독재가 남한식 군부

독재와는 성질상 다르다는 점을 알아주시기 바랍니다.

참, 싱가포르 이야기로 돌아가면, 거기서도 마찬가지죠. 동남아시아의 '유일한 선진국인 싱가포르'식 민족주의가 싱가포르의 저임금 자국민 노동자들에게마저 먹히는가 하면, 공공 임대주택의 보급이나 공공 연금의 재분배는 정권의 동의 기반을 공고화합니다. 그러니 이광요(리콴유李光耀, 1923~2015)-이현룡(리센룽李顯龍, 현직 총리)과 그 가신/주변 집단의 통치도 당분간 큰 동요 없이 이어지리라고 봅니다.

사실 저로서는 '혁명의 세 가지 조건'을 다루는 것이 좀 슬픕니다. 저는 개인적으로 현재의 러시아 정권이 물러나기를 바라지만, 아무래도 그럴 가능성이 전혀 보이지 않습니다. 레바다(Levada) 여론조사센터의 조사에 따르면, 누구에게나 분명한 사실로 보일 만한 나발니(Alexey Navalny)에 대한 '독살 시도'를 믿는 러시아 국민은 25퍼센트에 불과하고, 푸틴을 여전히 지지하는 사람들의 비율은 59퍼센트입니다. 푸틴의 반서방 민족주의 이데올로기는 여전히 러시아 사회에서 '민'들도 광범위하게 공유하고 있으며, 푸틴 지지층의 상당수는 국가적 재분배와 직접 관련된 부문(교육, 행정, 군수 공업, 군 등 국가 폭력 기관)에 종사하거나 공공 연금을 받는 사람들입니다. 이런 상황에서는 이 정권과 그 후계 정권이 아마도 수십 년간은 버티리라고 봐야 합니다. 대단히 아쉽지만, 현실은 현실로 직시하는 것이 중요합니다.

그래도 한국은

어떤 사람은 저보고 '한국을 비판한다'고 하지만, 저는 무슨 말인지 이해되지 않습니다. 마르크스주의적 입장에서 '한국'이란 실체 없는 추상 명사입니다. 〈포브스(Forbes)〉지가 선정한 '세계의 최고 권력자 100명' 중에 35위인가를 차지한 이재용도, 이재용 같은 사람들에게 부를 만들어주느라 데이트 한 번 나갈 여력도 갖지 못하는 '3포 세대' 젊은이들도 모두 '한국'에 속하지만, 사실상 서로 접점이 전혀 없는, 각각 완전히 다른 현실을 살아가니까요. 제게 과업이 있다면 왜 후자가 사실상 전자의 피해자가 되면서도 전자의 지배를 여전히 받아들이는가에 대한 분석입니다.

사실 따져보면 그 이유는 한국에서나 타지에서나 그렇게 다르지 않습니다. 과거의 성장에 대한 기억(한국), 과거 황금기 복지사회의 역사(유럽), 언젠가 이 사회가 다시 하위자들에게까지 뭔가를 약속해줄지도 모른다는, 아직도 완전히 없어지지 않은 기대 같은 것들 말이죠. 물론 한국에서나 외국에서나 그 기대들은 갈수록 얇아지고 있습니다. 그런데 사실 여기저기 왕래하면서 '비교'를 하다 보면, 객관적으로 대한민국은 다른 지역에 비해 상당한 장점을 갖고 있다는 사실을 종종 발견하게 됩니다. 단, 이 장점들은 '이재용'들의 덕이라기보다는 여태까지의 꾸준한 투쟁으로 '이재용'들의 전횡을 그나마 조금 견제하게 된 그 피해자들의 쟁취물이거나 그저 객관적 '상황'의 선물입니다. 제게 가장 절실히 느껴지는 장점을 정리해보면 다음과 같습니다.

— 미국과 달리 대한민국은 초보적이긴 하지만 어느 정도 공공 의료 체제를 갖추고 있습니다. 대단히 훌륭한 대중교통 체제도 갖추고 있고요. 전자는 노태우 정권 이후 국가에 대한 사회적 압력의 결과물이고, 후자는 크게 보면 과밀 사회의 불가피하고도 당연한 해결법입니다. 대중교통이 엉망인 미국에서는 인구 1,000명당 자동차 대수가 837대라면, 한국은 천만다행으로(!) 411대에 불과합니다. 이건 노르웨이보다 약 200대 적은 것으로, 고소득 사회치고는 가장 괜찮은 편에 속하죠. 과밀 사회라서 가능했을 수도 있지만, 같은 과밀 사회인 일본(591대)에 비해서도 훨씬 나은 통계입니다. 역시 후발 주자의 장점이라는 생각이 들기도 합니다. 일본의

선례를 보고 그 실수들을 타산지석(他山之石) 삼아 수도권의 교통망을 나름 합리적으로 구축할 수 있었던 것이죠. 저는 서울에서 지하철을 타기만 하면 집 같은 안락함을 느낍니다. 인파가 좀 심할 때도 많지만 제 고향 레닌그라드도 소련 시절에 만만치 않았죠. 서울의 지하철은 편한 데다가 가지 않는 곳이 거의 없습니다. 자동차는 인류와 지구의 적이며, 제가 혐오감을 가장 많이 느끼는 물건 중 하나입니다. 자동차 없이도 살 수 있는 사회는 미래가 있는 사회죠.

― 남미나 동유럽과 달리 한국은 신자유주의 모델로 갈아타도 탈공업화의 함정을 아직까지 어느 정도는 피할 수 있었습니다. 신문에서는 '공업 공동화'에 대해 자꾸 이야기하지만, 통계를 보면 여전히 한국 국내총생산의 거의 40퍼센트를 공업이 차지합니다. 이건 미국보다 거의 두 배 높고, 세계적으로도 꽤나 높은 수치입니다. '세계의 공장'인 중국에 자본재와 일부 소비재를 공급할 수 있는 지역적 역할 분담 구조 덕분에 가능한 수치이기도 하고요. 저는 공장 자체를 좋아한다기보다는 공장의 가동을 한꺼번에 멈추어줄 수도 있는 조직 노동의 잠재력을 믿기 때문에 이 부분을 꼽은 것입니다. 대공장에서 노동자를 조직화하는 작업은 비공식 부문(한국으로 치면 노점상 등과 같은 영세 자영업)이나 서비스 부문(각종 식당이

나 커피숍 등)보다 훨씬 수월합니다. 대공장들의 파산은 폴란드나 헝가리 등에서의 극우 권위주의 체제의 수립과 절대 무관하지 않습니다. 대공장의 몰락과 함께 노조도 힘이 빠지고 노조들과 함께 거대 사민당(이 경우에는 동구권 시대 공산당들의 후계 정당)들도 약체화된 것이죠.

— 일본과 달리 한국에는 거대 우파 정당이 없다는 점입니다. 일본에서는 '대동단결'한 보수가 1955년 이후 사실상 일당 지배에 가까운 통치 형태를 구사해왔습니다. 자민당 내의 계파 차이는 한국의 민주당과 국민의힘의 차이보다 클 수 있습니다(거기에는 친미 내셔널리스트들도, 극소수 반미내셔널리스트들도, 올드 리버럴도 모두 포함됩니다). 그들은 통치의 편의를 위해 내부적으로 계파 사이의 나눠먹기를 조절해가면서 일단 통치를 같이하는 것입니다. 그래서 판갈이가 그다지 없는 것이죠. 한국이었으면 정권 교체 과정에서 터졌을 수도 있는 각종 비리들도 그냥 묻혀버리고요. 한국의 보수들은 애당초 민주당 하나로 출발했지만, 결국 김성수파와 이승만파가 갈리면서 나름 여야 체제가 확립되었고 이승만파(자유당)는 결국 몰락했습니다. 박정희 체제로까지 거슬러 올라가는 한국 우파의 상당 부분은 그냥 일종의 유사 파쇼입니다. 그런데 한국에서는 그들이 가끔 권력을 잃을 수도 있는 반면,

일본에서는 어떤 집권 계파도 자민당 내의 극우를 절대 무시하지 못합니다.

— 러시아와 달리 한국에서는 군사주의적 분위기가 훨씬 덜 합니다. 징병제 자체는 한국이 러시아보다 훨씬 철저합니다. 남성의 현역 복무율(약 90퍼센트)은 세 배 이상 높고, 직업군인의 비율은 훨씬 낮죠. 러시아 군대는 이미 30퍼센트 이상이 직업군인이지만 한국은 여전히 '징집'에 의존합니다. 그런데 '군'이나 '전쟁'에 대한 태도는 두 나라가 굉장히 다릅니다. 한국에서 '군'이란 사실 누구나 피하고 싶은 대상이고, '전쟁'의 위험을 보여주는 유일한 상징입니다. 다수에게 전쟁은 그저 악몽이자 공멸로밖에 보이지 않고요. 극우도 대북 '대립'을 원할지언정 대부분은 전쟁을 원할 만큼 미쳤거나 악질적이지는 않죠. 반면 지정학적인 장기적 대미 갈등에 완전히 휘말린 러시아 사회에서는 군에 대한 신뢰도가 대단히 높고(대개 60퍼센트 이상) '아군'의 침략적인 군사작전까지도 적극 지지하는 비율이 꽤나 높습니다. 시리아 폭격만 해도 지지율은 50퍼센트를 넘었죠. 국민 총동원과 대규모 전쟁(세계대전)을 원하는 것은 결코 아니지만, 다수의 러시아인은 각종 대미 대리전에서는 '애국적' 입장을 취합니다. 그런데 잘못하면 이런 대리전의 전장이 될 위험성이 있는 한국

에서는 분위기가 많이 다르죠.

예컨대 동유럽에 비해 아직도 상당히 남아 있는 조직 노동의 힘, 노동자를 조직화할 가능성, 나름대로 발전된 일부 공공 부문(대중교통 등), 비록 우파 헤게모니의 사회이긴 하지만 그나마 가능한 정권 교체, 군사주의의 폐단이 매우 심한 가운데 그나마 전쟁에 대한 혐오증, 평화 추구적 분위기의 공고함 등은 한국 사회의 커다란 장점들입니다. 이런 장점들을 기반으로 미래를 향해 나아가는 것이죠. "한국의 민주주의에 대해서는 이제 걱정할 것이 없다"고 단언했던 미국의 저명한 석학 브루스 커밍스(Bruce Cumings)와 달리 저는 우파 헤게모니 속의 한국 '민주주의'의 '질'에 대해서는 상당히 비판·비관적이라서 걱정할 것이 태산 같다고 봅니다. 하지만 특히 커밍스 옹이 사시는 미국 등과 비교하면 낙관의 이유들도 전혀 없는 것은 아니라고 생각합니다.

어떤 통일인가

저는 1년 반 전에 유럽한국학대회(AKSE)에 참가하기 위해 이탈리아에 잠깐 다녀왔습니다. 저는 자국에 대한 개탄이 가장 많이 터져 나오는 나라는 바로 우리 대한민국이라고 생각했습니다. 그런데 로마에서 며칠 지내다 보니 이탈리아가 우리와 호형호제라는 사실을 알게 됐습니다. 유럽 최악의 부정부패, 정치인과 정부에 대한 지독한 불신, 국민총생산의 7퍼센트 정도를 주무르는 마피아, 무솔리니(Benito Amilcare Andrea Mussolini, 1883~1945) 이후 가장 극우적인 이탈리아 내각…… 시국에 대해 담론해보면 자연히 개탄의 소리밖에 나오지 않고, 그 중심에는 '지역 문제', 그러니까 사실상 실패한 19세기말 이탈리아 통일 문제가 자리 잡고 있습니다.

정확히 말하자면 이탈리아는 통합은 됐지만, 통일은 되지 않았습니다. 사회경제적 의미의 통일 말입니다. 지금도 명목상의

1인당 국민소득을 보면 북부 이탈리아의 롬바르디아 지역은 독일과 엇비슷하지만, 남부의 칼라브리아나 시칠리아는 그리스나 에스토니아 또는 우루과이보다 어렵습니다. 같은 나라인데도 최북단과 최남단이 두 배 이상의 소득 격차를 보이는 거죠. 사실 많은 면에서 과연 '같은 나라'인지가 의심스럽기도 합니다. 이를 증명하듯, 가장 부유한 롬바르디아 지방으로 가면 한때 부유한 북부 이탈리아의 독립, 즉 이탈리아 통일의 '취소'를 주장했던 '북부동맹'이라는 우파 정당이 전체 표에서 3분의 1을 얻기도 합니다. 북의 주류인 우파는 '통일 세금', 즉 다른 사람에게 들어가는 지원금을 내지 않으려는 것이고, 남은 남대로 차별에 지칠 대로 지친 것이고요. 명목상 통일을 이룬 지는 이제 거의 150년이나 되었지만, 사실 시칠리아 주민은 이탈리아 국민이기 전에 먼저 시칠리아 주민이고 밀라노 주민은 이탈리아 국민이기 전에 먼저 밀라노 주민입니다. 그러니까 정치적 통합은 쉬워도 통일의 '실'을 거두는 것은 절대 쉬운 일이 아닙니다.

'이탈리아의 삼걸'인 가리발디(Giuseppe Garibaldi, 1807~1882), 마치니(Giuseppe Mazzini, 1805~1872), 카보우르(Camillo Benso Conte di Cavour, 1810~1861)가 한때 단재(丹齋) 신채호 선생이 크게 주목한 구한말 지사들의 '벤치마킹' 대상이었던 만큼, 이탈리아의 '지역 문제'는 우리에게 절대 '남의 일'만은 아닙니다. 신채호 선생 같은 분은 이탈리아를 독일과 함께 추격형 근대화의 '모범'으로 생각했지만, 지금 자국의 근대 통일 국가의 형성을 '성공작'으로 보는 이탈리아인은 드뭅니다. 사실 많은 사람이 "도대체 지역 평준화 정책의 효과가 왜 이렇게 없는가"라고 자꾸 자문합니다. 1945년 이후 민주화된 탈파시즘 시대의 이탈리아에서는 역대 정권들이 '남부 우선 개발'의 구호 아래에서 남부에 인프라를 구축하는 등 나름의 재분배 정책을 실시했습니다. 남부 주민들의 생활수준이 성장 시대, 즉 1990년대 초반 이전까지는 상당히 올라간 것도 엄연한 사실입니다. 그런데 아무리 '남부를 개발'하기 위한 정책적 배려가 있었다 해도 격차는 그렇게까지 줄어들지 않았습니다. 북부도 성장을 거듭했기 때문이죠. 그리고 아무리 '정책적 개발'이라고 해도 자본주의 국가인 이상 민간 자본에게 강제로 남부에 공장을 짓게 할 수는 없었지요. 결국 남부 출신들이 북부의 공장으로 몰려가 자본에 이용당하는 모습이 연출되었습니다. 남부에 남은 가족들은 그들이 송금해준 돈으로 먹고살거나 미국 등지로 이민 가는 꿈을 키웠죠. 남부의 상대적 박탈감은 여전했습니다.

여기에서 한 가지를 분명히 해야 합니다. 저는 '통일' 자체를 부정하거나 의심하지 않습니다. 평화 공존 레짐(régime)을 공고화하기 위해, 이산 가족들의 재결합을 성사시키기 위해, 양진영의 병력을 줄이기 위해, 나아가 징병제의 악몽에서 벗어나기 위해 당연히 통일을 향한 '과정'은 절실히 필요합니다. 탈분단은 우리에게 생명적으로 필요한 일입니다. 그런데 문제는 통일이냐 아니냐보다는 '어떤' 통일인가입니다. 통일은 꼭 걸어야 할 길이지만, 그 자체로 만병통치약은 아닙니다. 통일이 돼도 남한의 자본주의는 그대로, 즉 신자유주의적 형태로 남아 있다면, 통일 코리아의 나날이 과연 행복할 수 있을까요?

일단 이탈리아와 달리 적어도 초기에는 한국 자본이 북에 공장을 지을 것입니다. 북의 임금 수준이 여전히 중국 동북삼성에 비해 낮기 때문에 그런 기회를 놓칠 자본가들은 없습니다. 그런데 이 자본가들이 북한에서 만들 일자리들은 과연 정규직일까요? 한국의 제조업 공장에서까지 불법 파견 노동이 버젓이 이루어지고 있는데 말입니다. 과연 양질의 일자리일까요? 과연 그런 일자리들이 좀 생긴다고 해서 지금 20배 정도 되는 남북의 소득 격차가 빨리 줄어들 수 있을까요? 그리고 이와 같은 소득 격차가 부추기는 남쪽 사람들의 북쪽 사람들에 대한 차별과 무시는 과연 어느 수준일까요? 북쪽 사람들이 이를 과연 어디까지 참을 수 있을까요? 사실 남한에서 살인적 차별에 시달리는 탈북민들의 상황만 봐도 신자유주의적 자본주의 레짐하의 통일 코리아의 모습이 보입니다. 이게 북쪽 사람들이 보기에 바람직한 모습일까요?

통일은 꼭 필요합니다. 그러나 그만큼 우리가 원하는 통일이 '어떤' 통일인가에 대한 고민이 우선 필요합니다. 세계적 수준의 참극인 한국의 신자유주의를 북쪽 동포들에게까지 수출하고 싶은가요? 약자에 대한 차별, 1년에 약 1,800~2,000명의 노동자를 죽이는 최악의 산재 사망률, 만연되어 있는 과로사, 14퍼센트 이상의 직장 여성들이 당하는 성추행을 통일과 함께 수출하고 싶은가요? 통일을 지향하고 북쪽 동포를 진정으로 사랑하는 사람이라면 그런 고민부터 필요합니다. 현재는 북쪽 동포는 물론, 남쪽 사람조차 하루도 편히 살 수 없는, 그야말로 유사 봉건적인 개인 예속과 신자유주의적 과도 착취의 중첩이기 때문입니다.

폭력, 이 세계의 공통분모

몇 년 전 인천에서 일어난 끔찍한 학교 폭력 및 추락사 사건을 보면서, '학교 폭력'에 대해 계속 생각하게 되었습니다. 사실 어떻게 보면 학교 폭력이라는 광범위한 테마는 제 인생에서 거의 전체를 아우릅니다. 학교에서 처음 폭력을 당한 것은 약 아홉 살 때입니다. 뚱뚱하다는 이유로, 주먹을 쓸 줄 모르는 책벌레라는 이유로, 유대인 출신이라는 이유로 중학교를 마칠 때까지 시달렸습니다. 고등학교는 세계문학 특목고인지라 그나마 나았고, 대학에서는 예비역 출신 남학생들의 간헐적인 위협이 있었음에도 큰 사건은 없었습니다.

그런데 지금 1남 1녀를 둔 학부모로서는 아이들이 혹시 학폭 내지 왕따를 당하지 않을까 매일매일 노심초사입니다. 인천 사건의 피해자처럼 제 아이도 노르웨이로 치면 '다문화 가정 출신'이기에 더더욱 마음이 쓰입니다. 물론 노르웨이 학교의 경우

상처받기 쉬운, 즉 외모가 다른 아이일수록 보호막도 튼튼히 한다는 것 역시 사실이지만 말입니다. 제가 칠팔십이 되도록 지구별이 미 제국과 러시아 제국의 핵전쟁으로 망가지지 않는다면, 아마도 손자손녀에 대해서도 '학폭을 당하지 않을까'라고 계속 걱정하며 살겠죠? 어릴 때부터 죽을 때까지 학폭 속에서 살아야 하는 것이 저만이 아닌 상당수 선남선녀들의 공통된 업입니다.

입시도 없는 세계 최고의 복지국가 노르웨이든 세계 최장에 가까운 노동시간과 최악에 가까운 노동 환경을 자랑(?)하는 대한민국이든, 중학교 남학생의 왕따·학폭 피해율은 거의 동일합니다(약 9~10퍼센트이지만 해마다 왔다 갔다 합니다). 물론 한국에서와 같은 심한 폭행은 노르웨이에선 드물긴 하지만, 심적 고통을 참지 못해 자살을 택하는 피해자들은 노르웨이에도 종종 생깁니다. 저는 학창 시절의 왕따로 평생 심적 트라우마에 시달리는 사람들을 노르웨이에서도 만났습니다. 그러니까 한국식의 각종 사회악(군사화, 장시간 노동, 학교에서의 획일적 규율주의, 미친 듯한 경쟁 등)만으로 학폭을 설명할 수는 없습니다. 물론 그런 사회악들도 한몫을 하겠지만, 사실 학폭 문제에는 '세계 보편적인' 차원도 있습니다.

아이들은 엄청나게 예민합니다. 그들은 어른들의 '말'을 보지 않고 그 '실천', 그러니까 삶의 실질을 아주 잘 포착합니다. 제 큰아이(현재 18세)만 해도 아버지로부터 《자본론》 설교를 들을 때마다 '노르웨이 정부는 석유기금을 통해 세계 각처에 투자해서 돈을 벌어들이는 대기업이다. 그런 노르웨이 정부의 공무원으로서 호의호식하는 당신이 들려주는 좌파적 이야기는 가식일 뿐, 사실 당신도 자본 질서의 일부일 뿐이다'라고 아버지에게 촌철살인을 날립니다. 그런 말을 들어도 할 말은 없죠. 노르웨이 정부의 돈이 삼성전자부터 뉴욕 5번가의 부동산에까지 세계 각국에 투자돼 있다는 점도, 제가 그 정부의 녹봉을 먹고 있다는 점도 엄연히 사실이니까요. 그렇게 아이들은 어른들의 사회가 바로 '계급사회'이고 그 사회에 '위계 질서'가 엄연히 존재한다는 것을 아주 빨리 배웁니다.

노원구나 중랑구 출신이 강남구나 서초구에 가면 해외여행처럼 느껴지는 대한민국이야 '격차', 그 자체이지만, '복지국가 노르웨이'조차도 제가 사는 오슬로 서쪽 동네의 평균 기대수명이 이민자 등 빈곤층이 많은 동쪽 동네보다 약 다섯 살이나 높은 격차 사회입니다. 격차가 덜 가시적이고 신분 상승이 더 쉽긴 하지만, 엄연히 노르웨이에도 계급 질서가 존재합니다. 아이들이 그걸 파악하고 자기들끼리도 그런 위계 질서를 만드는 것이죠. 어른들의 위계는 학력, 재력, 연공 등에 따라 정해지지만, 남자아이들 사이에 통하는 위계의 기준은 '주먹'입니다. 위계가 정해지고 공고화되는 과정에서 자연히 학폭이 발생합니다.

결국 어떻게 대책을 세울 것인가가 당연한 귀결입니다. 물론 활용 가능한 대책들이 많습니다. 노르웨이나 스웨덴처럼 매달 담임과의 상담을 통해 왕따나 학폭 문제를 집중 확인하는 방법도, 학교에 폭력 방지 요원들을 도입하는 방법도, 역할극 같은 것을 통해 폭력 내지 따돌림 피해자가 느끼는 정서들을 아이들이 실감하게 하는 방법도 있습니다. 폭력 피해자가 학교 당국을 상대로 소송을 해서 배상을 받을 수 있는 것도 참 중요하죠. 학교가 학폭을 방치하면 결국 사법적 책임을 지게 된다는 것을, 학교 당국이 매 순간 인식해야 합니다. 학폭 피해자의 트라우마를 배상금으로는 제대로 치유할 수 없겠지만 말입니다. 한마디로 학폭, 왕따 피해의 예방은 이제 학교 당국, 나아가 사회 전체의 핵심적 과제가 되어야 합니다. 그 과제를 해결하는 데는 여러 가지 방식을 활용할 수 있겠지요.

하지만 우리는 아무리 예방 대책에 온 사회가 온 정성을 다한다 해도 학폭과 왕따 현상을 완전히 근절할 수 없음을 자각해야 합니다. 사회 자체가 위계 질서의 구조적 폭력에 의해 유지되는 만큼 아이들에게만 비폭력적으로 평등하게 살라고 명령할 수는 없습니다. 어른들의 사회가 병든 만큼 아이들의 사회도 병들 수밖에 없거든요. 유감스럽게도 어쩔 수 없는 현실입니다. 이 현실을 직시하면서, 그래도 인천에서 일어난 일과 같은 비극이 두 번 다시 일어나지 않도록 최대한 노력을 합시다!

상류층의 암호

저는 요즘 짬이 생길 때마다 이번에 구입한 탈북 외교관 태영호의 《3층 서기실의 암호》를 읽습니다. 물론 재미있습니다. 하지만 북한을 잘 모르면서 관련 수업을 해야 하기 때문에 공부도 하고 재미도 보려고 이렇게 독서를 하지요. 물론 그의 글을 그대로 취하지는 않습니다. 누구의 회고록이든 저자의 (숨겨진) 의제 등을 염두에 두고 비판적으로 읽어야 한다는 것이 사학의 기초니까요.

더구나 태영호의 경우에는 탈북 전에도 자신의 의견을 자유롭게 피력할 위치에 있지 못했지만(외교관에게 '자기 의견'은 본래 없습니다. 외교관은 국가의 '입'이거든요. 어디에서나 그렇죠) 탈북 뒤에도 과연 얼마나 자유로워졌을까 싶습니다. 탈북자들은 기관의 '보호'만 받는 것이 아니라 통제도 받기 때문에 표현의 자유가 많이 제한되어 있습니다. 또 태씨와 같은 노회한 초로의 관료에게는 새 주인에게 잘 보이려는 본능 같은 것도 좀 발휘되는 것 같습니다. 그래서 그 회고록의 일부는 자가당착의 극치를 이룹니다. 예컨대 그는 김현희가 칼(KAL)기를 폭파시켰다는 한국 정부의 공식 입장을 취하는 동시에 그와 동갑이며 그와 같은 외국어학원에 다닌 것으로 되어 있는 김씨를 한 번도 학교에서 못 봤다고 솔직히 이야기하기도 합니다. 그렇다면 김씨는 투명인간이었을까요? 그런데 배임 횡령하고 탈북한 그가 한국 기관의 '보호' 없이 하루도 살아갈 수 없다는 점을 생각하면 이런 모순이 이해됩니다.

그런데 뻔히 저의가 보이는 이런 부분을 제외하면 이 책은 정말 흥미진진합니다. 그 안에서 북한 관료들의 하루하루가 그대로 느껴지기 때문입니다. 그 일상 속의 아비투스(habitus)를 이해해야 북조선을 현실 그대로 이해할 수 있습니다. 그런 차원에서 북한에 대해 가르치는 저 같은 사람에게는 이런 책이 중요한 부차적 교재가 되기도 하죠. 그런데 참 놀라운 것은 이 일상의 속살을 보다 보면, 제게 아주아주 익숙한 대상 하나가 머릿속에 떠오른다는 것입니다. 바로 우리의 대한민국이죠. 물론 구소련이나 북한과 같은 적색개발주의식의 국가 주도 또는 통제하의 경제냐 재벌왕국과 안보병영국가의 조합이냐, 체제의 구체적인 유형에 따라 상이한 점들도 있지만, 어쨌든 양쪽의 배경(식민지적 근대성, 봉건 시대 농업 관료제의 유제 등)과 근대화의 근본적인 방식(국가 주도의 압축적 근대화)이 서로 유사하기에 유사점들도 바로 눈에 띕니다.

한국의 엘리트가 미국에서 어릴 때부터 키워지듯이 태영호는 조기 (관비) 유학을 했습니다. 단, 미국이 아닌 중국으로요. 오진우(1917~1995, 무력부 부장), 허담(1929~1991, 중앙당 대남사업 책임자) 같은 핵심들의 자녀들과 함께요. 유학생 출신이 사회를 주도하는 것은 대한민국만이 아니라는 거죠. 평양에서 태영호가 다닌 외국어학원, 즉 우리 식으로 이야기하면 외국어 특목고는 역시 엘리트들이 운집하고, 그들 사이에는 철저한 기수별 위계 질서가 잡혀 있어서 심지어 선배들이 후배를 구타하는 일까지 있었다고 합니다. 그런데 나중에 그들 사이의 끈끈한 연줄은 서로에게 생명만큼 중요한 역할을 한다고 합니다. 참, 경기고나 요즘의 대원고 등을 보면 얼마나 다를까 싶습니다.

그 뒤로 태영호는 모스크바의 MGIMO(국제관계대, 소련 외무성 간부들의 양성소)를 본뜬 평양국제관계대를 졸업했습니다. 거기에도 일부 지방 영재 외에는 주로 한국의 강남족 격인 평양 엘리트들이 모여 있었다고 합니다. 한국으로 치면 서울대 외교학과인 셈이죠. 거기를 졸업한 뒤에 태영호는 외무성으로 직행했습니다. 10년이나 시달려야 하는 군을 거치지 않고요. 남북한은 철저한 병영국가들이지만, 그 안에도 병영행을 면제받는 계층은 당연히 존재합니다. 아 참, 학창 시절, 중매결혼을 했는데, 상대는 바로 오극렬, 오금철, 오철산 등을 배출한 고위 간부 가문이 었죠. 개인이 아닌 '문중' 사이에 결혼이 이루어지는 것도 한국 정계나 재계를 왜 이토록 닮았을까 싶습니다.

물론 한국의 대원고와 서울대 외교학과를 졸업하고 스웨덴과 영국에서 근무하는 강남 출신으로서, 정계 핵심들과 혼맥을 맺은 조기 유학생 출신의 외교 관료보다는 태씨의 관로가 좀 더 험난했습니다. 한국에서는 상류층이 이미 하나의 계급을 이루어 국가로부터 보호를 받고 있지만, 북한과 같은 적색개발주의 사회에서는 배타적인 재산 (또는 생산시설) 소유자의 집합으로서 지배계급의 형성이 아직은 진행 중입니다. 아직은 국가가 상류층의 것이 됐다기보다는 상류층 위에서도 군림하고 있는 상황이죠. 그래서 한국 관료가 어떤 사건에 걸려서 불명예 퇴직을 당하고 구속까지 당할 위험보다는, 그의 북한 동료가 숙청의 칼바람을 맞을 가능성이 높다고 볼 수 있죠.

그런데 그걸 제외하면 외교 관료로서 삶의 전체적인 분위기는 거의 비슷합니다. 윗분들의 눈치를 잘 보고(외무성이 최고 지도자의 눈치를 가장 잘 보는 최고로 지능적인 부서로 알려져 있답니다), 윗분들의 일가친척들이 해외 나들이를 오면 통역과 가이드를 해드리고, 혹시나 최고의 윗분, 즉 김일성 주석이나 김정일 위원장 등과 같이 찍은 사진이 있으면 이를 가보처럼 보관하고. 태씨의 경우 그의 직속 상사인 현학봉 주영대사는 학교 선배였기 때문에 그만큼 공사 생활이 편했다고 합니다. 한국 외교부의 풍경을 연상시키지 않나요?

태영호 씨는 북한에 도저히 돌아가고 싶어 하지 않는 아이들 때문에 망명했다고 합니다. 외국(구미권이나 제3세계의 국제학교)에서 자란 한국 외교관의 자녀 중에도 헬조선에 돌아오기 싫어서 그냥 구미권 대학을 나와 거기에 눌러앉는 사람이 부지기수죠. 즉 이것도 너무나 익숙해진 풍경입니다. 아마도 이제 개혁개방을 지향하는 김정은 체제는 이런 부분만은 상류층에 양보하지 않을까 싶습니다. 그냥 한국처럼 외교관 자녀들의 해외 잔류를 허용해주지 않을까 싶습니다. 어차피 서방과의 가교 역할을 할 사람들도 필요하니까요. 그렇게 되면 미래의 태영호들은 속으로 피식 웃으면서 겉으로 계속 '조국에 대한 충성'을 다짐하며 그 자리에 그대로 남지 않을까 싶습니다. 그들의 속마음이야 이미 그들의 한국 동료들과 그리 다르지 않습니다. 뭐, 평화를 보장해주는 의미에서는 이와 같은 개혁개방과 북조선 상류층의 '글로벌화'(?)를 환영하지만, 이건 결국에는 일반 인민들에게 재앙이 되지 않을까라는 우려를 씻어내기가 힘듭니다.

5장 ___ 전쟁이자 어머니인 세계

질투의 힘

나는 인간입니다. 고로 나는 질투를 합니다. 질투로부터 완전히 자유로운 인간은 아마도 성인군자 급이겠죠. 참, 도달하기 어려운 경지입니다. 왜냐하면, 질투란 인간의 가장 강력한 본능인 생존본능에 직결되는 감정이기 때문이죠. 누군가가 나보다 '잘난' 꼴을 보는 순간 '그가 생존에 성공하면 내가 실패하게 되는 것은 아닌가?'라는 무의식적인 공포감이 생깁니다. 그가 생존과 번식에 성공하고 내가 생존이나 번식에 실패하면 어떻게 될까요. 이런 무의식 속의 공포가 결국 질투의 힘입니다. 공포가 막강한 감정적 기반을 가진 만큼, 질투는 예컨대 친밀성에 대한 욕구나 인정 욕구만큼 인간의 뇌 작동에 아주 중요한 부분을 차지하지요.

솔직히 고백하면 저도 가끔 '질투'를 합니다. '돈'보다는 예컨대 '책'에 대한 부분이 더 크지요. 옛날에 이매뉴얼 월러스틴 (Immanuel Wallerstein, 1930~2019)의 몇 권짜리 저서 《근대세계체제(The Modern World-System)》를 처음 봤을 때는 그 업적의 위대함에 눌려서 '내가 과연 이 정도의 책을 죽기 전에 내고 죽을 수 있을까'라는 생각과 함께 질투 비슷한 감정을 느낀 적이 있습니다.《자본론》을 쓴 마르크스는 이미 영생하는 '고전의 작가'가 되어서 세인이 자신과 '비교'할 수 있는 급은 아니지만, 그때만 해도 아직 살아 있었던 월러스틴은 그런 감정의 대상이 될 수 있었습니다.

질투의 힘이 크기에, 세상에 존재하는 어떤 체제도 그걸 무시할 수 없습니다. 예를 들어 1937~1938년 스탈린(1879~1953)의 대숙청으로 총살형을 받은 사람들은 약 70만 명 정도 됩니다(그중 약 4,000명은 고려인들, 주로 혁명가 출신이나 공산당 간부 출신들이었습니다). 보통 사형 언도를 받으려면 적어도 하나, 대개는 몇 개의 고발장이 보위부에 접수돼야 했습니다. 그러니까 당시 고발장을 쓰고 보낸 사람들의 수는 적어도 200~300만 명 정도 되겠죠?

죄 없는 사람들을 '일제 간첩' 등으로 모함함으로써 보위부의 숙청 계획에 들러리가 되었던 이들이 과연 전부 보위부가 고용한 '프락치'들이었을까요? 꼭 그렇지는 않습니다. 많은 경우 동료들끼리 서로를 '간첩'으로 고발하고, 보위부는 양쪽의 고발장을 모두 접수해 같이 형장으로 보냈습니다. 예컨대 화요계의 거목이자 조선공산당의 지도자급인 김단야(1901~1938)를

'일제 간첩'으로 고발한 사람은 제주도 출신의 혁명가인 이성태 (1901~1938)였습니다. 한때 상하이 〈독립신문〉에서 기자 생활을 하고, 〈신생활〉 필자로서, 물산장려운동 반대자로서 조선 사회 에서 꽤나 이름을 떨친 논객인 이성태가 동료 망명자 김단야를 소련 보위부에 고발한 이유는 오로지 이성태가 소속된 서울파의 화요계에 대한 불같은 증오심이었을까요? 그것도 이유였겠지만 더욱 중요한 것이 있었죠. 조선공산당 운동의 서열에서 이성태 는 나이가 같은 김단야에 비해 상대적으로 낮았고, 김단야에게 상당한 '질투'를 느꼈던 것 같습니다. 김단야는 코민테른과 동방 노력자공산대학의 간부였지만 이성태는 그만한 위치가 아니었 습니다. 결국 김단야도, 이성태도 같은 코무나르카 총살장에서 형장의 이슬로 사라지고 말았습니다.

그런데 스탈린의 공포 통치만큼, 아니 그 이상으로 인간의 질투심을 이용하는 것이 바로 신자유주의 아닌가 싶습니다. 신 자유주의 체제하에서 총자본이 '비정규직' 고용을 상대적으로 선호하는 것은 무엇보다 '이윤'과 '투쟁 방지'를 위해서입니다. 정규직의 월급이 100이라면 비정규직의 평균 임금은 약 54에 불 과하고, 그 격차는 갈수록 커지고 있습니다. 게다가 비정규직의 노조가입률은 5퍼센트도 되지 않아, 조직적으로 사용자에게 '반 발'하고 '투쟁'할 확률이 낮습니다. 말하자면 비정규직을 뽑아 쥐어짜는 것이 '남는 장사'입니다.

그런데 '비정규직 양산'이 사회문제가 되어 여론을 의식한 정부가 적어도 정부의 직접적 영향력이 미치는 공공 부문에서만이라도 비정규직의 정규직화(사실 정규직화도 아니고 기존 비정규직에 대한 경쟁 채용일 경우가 더 많습니다)를 시도한다면 총자본의 이해를 대변하는 조·중·동은 과연 어떻게 나올까요? 맞습니다. 비정규직 착취로 발생하는 '이윤'에 대해서는 일절 이야기하지 않고 바로 독자들의 질투심에 호소합니다. 어렵게 채용 시험을 준비하는 취준생을 예로 들어 '정규직화로 무임승차하는' 기존 비정규직에 대한 질투를 북돋우는 것입니다. 실제 취준생들이 비정규직의 정규직화를 반대하고 있는가는 별개의 문제입니다. 정규직화 경향으로 전체 노동시장에서 정규직 비율이 높아지고 '계절 노동이나 임시적 노동이 아니면 정규직으로 뽑아야 한다'는 당위 의식이 퍼지면 사실 노동시장 진입을 준비하는 모든 사람들에게는 유리한 것이죠. 그러나 '취준생의 분노'를 가장한 극우 언론의 기사들은 사회적 '질시'에 호소하여 '정규직화'에 반대하는 여론을 형성하기도 하지요.

　　질시에의 호소에는 어떤 메커니즘이 있을까요? 신자유주의 언론이 상상하는 세계는 '만인의 만인에 대한 무한하고 영구적인 경쟁'의 세계입니다. 그런 세계에서는 정규직도, 비정규직도, 취준생도 모두 무한한 '경주'를 합니다. 그래서 그 경주에서 일군의 비정규직이 약간이라도 앞으로 튀어나갔다면 이건 다른 경쟁자들에겐 바로 '손해'가 됩니다. '만인의 만인에 대한 경쟁'에는 물론 '정의'도 있습니다. 그러나 이는 밑으로부터의 연대와 상부상조 그리고 상생의 정의가 아니라 위로부터의 '선발 절차'의 정의입니다. 관리자가 정한 '시험 절차'를 통과해서 앞으로 나아갔다면 '정의'가 되지만, 아무리 수년간 그 자리에서 저임금 착취를 당하며 업무를 배웠다고 해도 '시험 절차'가 아닌 다른 방식으로 앞서 나갔다면 '부정의'입니다. 관리자들이 운영하는 시험 절차는 '신의 정의'인가요? 비정규직의 정규직화가 결국 비정규직 양산을 억제해서 모든 피고용자의 삶과 노동의 조건을 개선해준다면 좋은 일이 아닌가요? 그러나 이런 질문을 던지려면 '모두'가 어떤 긍정적인 이해관계를 공유하고 같이 연대해야 한다는 사고를 전제로 해야 합니다. 조·중·동 등의 극우 언론에는 그런 사고가 없습니다. 그들이 호소하는 것은 오로지 '누군가가 잘되면 내 배가 아프다'는 수준의 질시나 '시험'을 절대시하는 계급사회의 (가짜) '능력주의' 이데올로기입니다.

공동주택에서 '잘나가는' 이웃을 '독일 간첩'으로 모함해 고발하면 그의 방을 차지해 자신의 주거 조건을 개선하고, 실력 있는 동료를 '일제 간첩'으로 고발하면 그 자리를 빼앗을 수 있는 사회를 운영했던 스탈린은 지금도 여론 조사마다 러시아인들에게 '가장 인기 있는 정치인'으로 꼽힙니다. 질시, 질투심, 아주 생리적인 이기심에 이토록 멋지게 호소하는 사회 모델은 어쩌면 생각보다 오래갈 수도 있습니다. 이런 모델의 영향권에서 태어나고 자란 사람들에게는 이 모델의 논리가 어릴 때부터 습득되니까요. 그런데 과연 우리는 연대가 불가능한 이런 모래알 사회에서 정말 살고 싶은 걸까요? 이런 사회에서는, 예컨대 기후 정의나 난민에 대한 자비를 외치기가 쉬울까요? 이런 정글에서는 인간이 정상적으로 사는 것이 가능할까요? '질시의 사회'를 벗어나지 않으면 '사회다운 사회'는 결국 불가능하지 않을까, 싶습니다.

영구적인 전쟁

보통 역사학에서는 1920년대 말부터 1945년까지를 같이 묶어서 연구합니다. 1929년의 대공황과 그에 따른 세계 무역의 파탄, '국가 경제'와 '블록 경제'로의 전환, 초강경 권위주의 정권의 출현 등이 없었다면 세계대전도 없었을 것이라고 대개는 생각하기 때문입니다. 그래서 지금 다시 대공황이 본격화되어가는 길목에서 제게 생긴 아주 큰 걱정 중의 하나는 바로 이런 것입니다. 이번 대공황도 엄청난 규모의 전쟁으로 귀결되지 않을까, 대공황의 시작 단계에서부터 이런 우려에서 벗어나기가 힘듭니다.

특히 1990년대 이후에 태어나신 분들에게는 이런 '전쟁 걱정'이 아마도 좀 생소하게 느껴질 것입니다. 1990년대 중반 이후, 즉 문민정부로의 전환 이후 대한민국은 비록 군사화 수준은 매우 높고 가끔 '서해해전' 등을 수행하긴 했지만, 대체로 '평화 레짐'을 견지해온 나라였기 때문이지요. 즉 군대에 끌려가 병영에서 고생하는 것은 한국에서 태어난 거의 모든 남성과 그 가족의 고민거리였지만, 1994년 미국의 대북 폭격 위협 이후로는 심각하게 '전쟁을 걱정'했던 적이 없었다고 봐야 합니다.

그런데 이와 같은, 매우 높은 군사화를 바탕에 깔고 있는, 겉으로의 '평화 레짐'은 첫째, 역사적으로 꽤나 새로운 것입니다. 사실 1953년 이후 남북한은 거의 1990년대 초반까지 일종의 '저강도 전쟁'을 계속해왔습니다. 북파 공작원들이 북에서 살인, 파괴 등을 했으며, 북에서는 '공비'라고 불리는 공작원들이 남으로 내려오기도 했습니다. 한국에서 '무장 공비'라고 부르는 북한 공작원들이 잠수정을 타고 마지막 상륙 시도를 했던 것은 1998년이었습니다. 그다음에는 햇볕 정책 덕분인지 이 '저강도 전쟁'은 중단되었습니다. 그런데 부디 오해하지 마시기 바랍니다. 여전히 남북 사이에 평화 협정은 없습니다. 여전히 남과 북의 군대는 서로를 주적으로 인식하며, '저강도 전쟁'은 물론 국지전과 전면전까지 모두 대비하고 있습니다. '평화 레짐'처럼 보이지만, 진짜 평화는 아직 우리에게 오지 않았습니다.

둘째, 한국에만 평화가 오지 않은 것은 아닙니다. 여전히 웬만한 군사대국은 전쟁 중이거나, 전쟁을 방불케 하는 작전들을 일상적으로 수행합니다. 세계 군사력(Global Firepower) 순위(https://www.globalfirepower.com/countries-listing.asp)에서는 미국이 1위, 러시아가 2위, 중국이 3위, 인도가 4위입니다. 이 네 나라

는 사실 각종 전쟁이나 유사 전쟁을 방불하게 하는 작전을 지금
도 열심히 수행 중입니다. 미국의 아프가니스탄과 시리아에 대
한 참전이나 대이란 특수 작전을 굳이 이야기할 필요도 없겠죠.
러시아도 북(北)캅카스의 다게스탄공화국과 잉구셰티야 등지에
서 '저강도' 전쟁을 수행하는 한편 시리아, 우크라이나 동부에서
직·간접적으로 전쟁을 하고 있습니다. 인도는 마오주의 게릴라
들과 싸우고 있고, 중국은 특히 신장웨이우얼에서 위구르 민족
을 상대로 '분리주의 근절' 작전(대규모 무장 경관들을 동원한 '평시
의 전쟁'인 셈이죠)을 벌이고 있습니다. 유럽은 겉으로는 평화로워
보이지만, 아프리카의 여러 나라(말리, 차드, 니제르 등)에 파견된
프랑스군은 계속 작전 중입니다. 스스로를 '평화 대국'으로 특
화시키려고 이미지 메이킹을 하는 노르웨이만 해도, 몇 년 전까
지 아프가니스탄에서 진행된 미군의 작전에 동참했습니다. 그러
니 여전히 자본주의적 세계, 국민국가를 기본 단위로 하는 세계
의 '정상'은 평화라기보다는 '영구적인 전쟁'입니다. 부디 착각
하지 마시기 바랍니다.

　세계대전은 왜 일어날까요? 근인(近因)은 물론 '세계 패권을
둘러싼 경쟁'입니다. 세계 패권부터 지역 패권까지 세계대전의
과정에서 정해지곤 합니다. 예컨대 제1, 2차 세계대전에서 독일
은 '세계 패권'을 노렸지만, 일본은 제2차 세계대전에서 아시아
패권 정도를 겨냥했습니다. 제2차 세계대전의 승전국인 미·영·

프·소(러)·중은 결국 유엔 안보리의 거부권을 가진 상임국이 됐으며, 오늘날의 패권 경쟁은 이 '5개국 클럽' 안에서 벌어집니다. 한편에는 미-영, 다른 편에는 중-러가 경쟁하는 사이에 프랑스는 미-영에 가깝긴 하지만 중간에서 '균형'을 잡는 포지셔닝을 취하고 있습니다. 이들의 경쟁은 과거 독-일과의 경쟁보다 반드시 좀 더 평화로운 걸까요? 세계대전의 원인들을 생각하면 꼭 그렇지는 않을 듯합니다.

근인은 패권 경쟁이지만, 원인(遠因)은 훨씬 근원적입니다. 총동원 전쟁은 국가에 엄청난 권력을 부여하는 만큼 국가 관료 제도의 정비와 기능 확장에 크게 기여합니다. 영국의 연금제가 제1차 세계대전 직후 전쟁 유가족과 미망인의 연금에서 시작됐다는 점이나, 일본 후생성이 제2차 세계대전 무렵 군인 유가족에 대한 사회보장부터 시작했다는 사실을 기억하시지요? 자본주의 대국이 자동차라면 전쟁은 그 자동차를 달리게 하는 일종의 '휘발유'입니다. 관료 기구의 권력 강화와 기능 확장 이외에 전쟁은 자본주의 경제조직 내에서 기술적 혁신의 촉진제로 기능합니다. 전쟁 전, 전쟁 중, 그리고 전후의 기술 발전은 대개 국방부의 연구 개발에 대한 전략 투자에서 비롯됩니다. 레이더, 컴퓨터, 인터넷은 모두 '국방부의 투자'에서 나온 발명품입니다. 전시 징병과 전시 특수로 인한 생산 확대가 대공황에 따른 미국의 실업 문제를 해결(?)해주었다면, 유럽에서는 어차피 교체돼야 했던 공장의 옛 기기들이 전시 폭격으로 파괴·철거되고, 전후에 보다 생산성이 좋은 미국 기기들이 다시 들어왔습니다. 전후에 임금이 대대적으로 떨어진 '저임금 노동력'은 서독의 '경제 기적'의 중요한 밑바탕이 되기도 했습니다. 이런 생각을 하면 끔찍하다는 느낌부터 들지만, 사실 자본주의와 국민국가라는 '기계'는 가끔 '전쟁 모드'에 들어가야 합니다. '전쟁 모드' 없이는 자본주의 국가라는 기계가 정상적으로 작동하지 못하거든요.

제3차 세계대전의 구체적인 모습을 아직 예측할 수는 없습니다. '양강', 즉 미-중의 전면전이 아닌, 시리아 전쟁과 비슷한 수많은 지역 대리전의 동시다발적인 발발과 함께하는 경제전일 수도 있습니다. 즉 상호 경제 제재와 냉전을 방불하게 하는 국가적 대립의 조합일 수도 있는 것이죠.

여러 형태일 수도 있지만, 중요한 것은 한반도가 하나의 '전장'이 되지 않기 위해서는 지금부터라도 남북 간 군사적 대립의 수위를 낮추고, 남북 간의 평화 협정 체결, 상호 군축 합의, 신뢰 구축으로 가야 한다는 것입니다. 그리고 한국 경제에의 악영향을 피하려면, '양강' 사이의 보다 중립적인 포지셔닝도 도움이 될 듯합니다. 사실 지금 한국의 정책 결정권자들이 읽어야 할 책은 냉전기에 미-소 양쪽과 모두 무역을 하고 두루 우호관계를 맺은 스웨덴, 핀란드, 오스트리아 등 성공한 중립국들의 외교사 관련 책들입니다.

그리고 세계인들에게 기후 정의를 위한 투쟁과 함께 지금 가장 필요한 시민 투쟁은 바로 평화 투쟁입니다. 1962년 쿠바 미사일 위기 등 냉전기 '최악의 순간' 이후로는 요즘처럼 세계 평화가 위협당한 일이 거의 없었습니다. 지금 본격화되는 양강 경쟁의 장기적 효과를 생각하면 말입니다.

진실의 순간

'진실의 순간'이라는 표현이 있죠? 정말 심각한 위기가 닥치면, 평소의 각종 정치적 수사나 프로파간다 등에 가려져 있던 '진실'을 바로 보게 됩니다. 예컨대 한국으로서는 IMF 사태가 이런 '진실의 순간'이었지요. 김영삼(1927~2015) 정권은 '선진국의 문턱'이니 '세계화의 시대'니 온갖 미사여구로 자화자찬을 해댔지만 사실은 채무 비율이 과도하게 높았습니다. 오랫동안 차관에 의한 확장을 거듭해왔음에도 이미 과거와 같은 이윤율을 내지 못하던 재벌은 외부의 금융 자본에 심하게 종속돼 있었습니다. 그때, 그러니까 그 '진실의 순간'에 망가져버린 고용 구조를 아직도 바로잡지 못하고 있습니다. 한국만 그럴까요? 2008년의 세계 금융 위기는 1997년 한국에 신자유주의를 강요한 국제 금융 자본의 내재적 약점들을 만천하에 보여주는 또 하나의 '진실의 순간'이었습니다. 아마도 2008년의 위기를 훨씬 능가할 최근의 '코로나19 위기', 그리고 곧 이어질 공황 역시 가혹한 '진실의 순간'일 것입니다.

'진실의 순간'에는 평소에 의식하지 못했을 수도 있는 나라 사이의, 아니면 사회적 계층 사이의 '서열'이 재차 확인됩니다. 가장 유명한 사례는 아마도 제1차 세계대전일 것입니다. 1914년 이전에는 러시아나 독일이 엄청난 '군사 대국'으로 보였지만, 실상 이 두 대륙계 권위주의 왕정 국가는 장기전을 버텨내지 못했습니다. 해양계 패권 국가(영국, 미국 등)에 비해 서열이 훨씬 '뒤처진다'는 사실이 확인된 것입니다. 제정 러시아의 허약성은 1905년, 일본에 참패할 때 이미 확인되어 결국 혁명의 기폭제가 되었습니다. 아니면 1997년 이후 대한민국 사회에서 여러 계층 집단들이 그려낸 관계도를 생각해보시지요. 대우그룹 등 '망하는 재벌'도 더러 있긴 했지만, 삼성을 위시한 대다수 재벌들은 그냥 문어발식 사업 확장을 계속 거듭해왔으며, 재벌이 직접 고용한 근로자와 중소기업 근로자 사이의 '격차'도 계속 확대돼왔습니다. 즉 노동시장 안에서의 '서열'이 재확인된 것이죠.

이번 코로나19 사태는 자본주의 체제하의 세계에서 국가의 행정력과 준비력 그리고 의료 체제의 견고함을 '시험'한 셈입니다. 시험 결과는 어떨까요? 아주 크게 보면, 동아시아와 북유럽은 비교적 무난하게(?) 시험을 통과하고 있지만, 미국과 남유럽 그리고 일본은 사실상 '낙제점'을 받았습니다. 일단 동아시아부터 살펴볼까요?

대체로 동아시아 국가들은 국가 행정력과 동원력은 매우 좋은 편이지만, 경제-정치구조상 여러 가지 '차이'들을 나타내죠. 대만이나 한국처럼 정치적 경쟁이 있는 나라들이 있는가 하면, 일본처럼 사실상 일당 지배 체제인 곳도 있습니다. 싱가포르나 한국처럼 외부 노출이 강한 경제들이 있는가 하면, 일본처럼 내수 본위의, 자기 완결성이 강한 경제들도 있고요. 코로나19라는 시험의 결과, 정치적 경쟁이 존재하고 외부 노출이 많아서, 보다 공격적인 대응으로 대외 교역 등을 빨리빨리 정상화시켜야 하는 한국, 대만, 싱가포르, 홍콩 등이 'A'를 받았습니다. 반면 정치적 경쟁이 없는 데다가 내부 소비 경제를 절대 멈춰 세우려 하지 않았던 일본은 국가적 은폐 작전으로 이미 국제적으로는 'F'를 받은 것이나 마찬가지입니다.

유럽에서는 이탈리아나 스페인 등 오랫동안 '긴축 예산'으로 정상적인 대비를 하지 못한 의료 체제들은 사실상 붕괴 상태에 들어간 반면, 독일 등 북유럽 국가들은 비록 환자들이 많아도 의료 체제가 전혀 붕괴되지 않았습니다. 한때 미국이 코로나19 참극의 진앙지로 부상한 것은 공공 의료 자체가 거의 없는 미국식 시스템의 치명적 허약성을 그대로 보여주는 것이었습니다.

그러나 가장 비극적인 것은, 바로 코로나19가 드러낸 각국 내의 각종 '격차'였습니다. 거의 모든 국가에서 공공 부문 종사자들은 코로나19로 그다지 큰 타격을 받지 않았습니다. 기껏 재택 근무로의 전환 정도가 있었지요. 항공업과 숙박업 등 가장 타격을 받은 일부 부문 이외에는 대기업 직접 피고용자들도 그렇게까지 코로나19로 불이익을 보지 않았습니다. 그러나 특히 중소기업들의 자금 흐름은 많은 문제를 보였고 서비스 부문과 유통 부문의 영세 업체들은 엄청난 타격을 입었습니다.

코로나19 사태가 한참이었던 2020년 3월 말에 노르웨이는 전체 근로 인구의 15퍼센트가 실업자나 휴직자였습니다. 실업과 휴직에 가장 많이 노출된 것은 저학력자, 중소기업 종사자, 여성, 20대 노동자, 그리고 이민자들입니다. 말하자면 노르웨이 사회의 '약자'일수록 실업이나 휴직을 당할 확률이 훨씬 높아지죠.

미국 시카고의 코로나19 사망자 가운데 70퍼센트가 흑인이라는 점에서 확인되듯, 이번 코로나19 사태는 기존의 종족적, 인종적 불평등을 재확인시키고 더욱 키웠습니다. 미국에서 코로나19로 수입을 잃고 '식량의 위기', 즉 굶을 위험에 빠진 쪽은 주로 20~30대의 비백인 자영업자나 긱 경제(플랫폼 경제) 종사자였습니다. 평소 어려웠던 사람들이 이제는 아예 기아 직전으로 몰린 것입니다.

코로나19의 '진실의 순간'이 보여준 것은 질병에 대처하는 각국의 행정력과 준비력 그리고 정치적 의지의 '차이'뿐만이 아닙니다. 각국 내의 무서운 '사회적 격차'도 적나라하게 드러났습

니다. 내부자, 즉 중산층 이상의 구성원이나 공공 부문 및 대기
업 종사자는 그저 '불편함' 정도를 느끼는 반면, 외부자, 즉 중소
기업 노동자나 불안 노동자 또는 자영업자 등은 그야말로 생존
의 위기를 겪습니다. '주류' 국민들도 힘들지만, 미국의 아시아
계나 한국의 중국 동포 등은 계속해서 차별적 시선에 노출되어
야 했습니다(미국은 '시선'에다 아예 물리적 폭력까지 가해지는 경우가
점점 늘어났습니다). 누가 봐도 '생존'을 도모해야 하는 상황에서
는 자본주의가 그다지 효율적이지 않습니다. 앞으로 성장이 아
닌 생존을 도모해야 하는 각종 생태적 위기, 기후 위기 등 참극
의 시대가 도래할 것을 생각한다면 자본주의를 계속 고집해야
할 이유가 있을까요? 지금부터 전 지구적 차원에서 '자본주의 이
후'의, 보다 평등·생태·지속성 지향적인 협동적 체제를 모색해
야 하지 않을까요?

개인의 범위

최근에 기쁜 소식을 접했습니다. 한국에서 공부 중인 최재형 (1860~1920) 선생의 현손(4대손)인 일리야 초이(최) 씨가 설날에 초청을 받아 청와대를 다녀왔다는 소식이었습니다. 기쁜 이유는, 최재형 선생의 일가가 제 스승님이신 미하일 박(박준호, 1918~2009) 선생님의 일가와 친했기 때문입니다. 어린 시절 미하일 박 선생님은 원동에서의 초기 공산당 운동을 후원했던 갑부 최재형 선생을 '페티카 초이'라고 불렀다고 합니다. 미하일 박 선생님이 제게 몇 번이나 말씀해주신 이야기죠. '페티카'는 '표트르(Pyotr)'의 애칭으로, '표트르 세메노비치'는 최 선생의 러시아식 귀화명이었습니다.

그러나 독립 운동을 하다가 일제로부터 너무나 잔혹하게 사형(생매장 내지 화형으로 알려져 있지만 정설은 없습니다)을 당하신 분의 현손이 한국 정부의 배려를 받는다는 소식을 듣고는 기쁨을 느끼는 동시에 한 가지 의문이 떠올랐습니다. 왜 대부분의 한국 사람들, 심지어 저까지도 '현손'이 '조상의 업적'에 대해 보상받는 것을 이렇게 당연시하는 걸까요? '나'와 '조상' 사이의 '관계'를 설정하는 이 집단무의식, 내지 사회의 불문율은 도대체 무엇일까요?

요즘 10대나 20대 초반의 젊은이들, 즉 1997년 신자유주의/개인 본위의 사고가 들어온 이후에 사회화된 사람들은 조금 다를지도 모르지만, 기성세대는 대개 '개인'의 범위에 '조상과의 관계'를 포함시킵니다. '조상'으로부터 독립한 '개인'은 적어도 1990년대 후반 이전의 한국 문화에서는 상상할 수 없었습니다. 북한 문화도 다르지 않았고요. 조상의 '업적'은 당연히 자랑스러워하면서도 조상의 '흠'은 대개 은폐하고, 가끔은 미화하는 것을, 예컨대 정치권에서 종종 볼 수 있었습니다.

숨기는 경우는, 예컨대 열린우리당 의장을 했던 신기남 씨가 대표적입니다. 그의 아버지 신상묵(1916~1984)은 일본군 헌병으로 독립 운동을 탄압했다가 미군정이 시작되자마자 바로 '경찰'로 둔갑하여 나중에 지리산 이현상(1906~1953) 부대를 '토벌'하기도 했습니다. 또 나중에는 기업인이 됐고요. 한국에서는 아주 전형적인 '출세의 가도'였습니다. 신기남은 아버지가 일제강점기에 헌병 오장을 지냈다는 사실을 처음에는 은폐했다가 나중에 언론에 폭로당하자 열린우리당 의장직을 포기했었죠. 여야를 막

론하고 이런 식의 미화 시도가 있었습니다. 대표적인 경우는 구한말의 탐관오리인 고부 군수이자 자신의 증조부 조병갑을 '역사의 희생양'이라고 표현하고 그에 대한 부정적 평가는 '오류'라고 주장했던 노무현 정권의 홍보 수석 조기숙 교수나, 박정희의 친일 경력을 합리화하기 위해 아예 '교과서 국정화'에 나선 박근혜 전 대통령이었습니다. 은폐하든 미화하든, '조상의 흠'을 '나'의 '문제'로 인식하게 하는 '문화' 자체는 고민의 대상이 되어야 할 것 같습니다.

한 가지 단서를 달겠습니다. '나'와 '조상'을 '한몸'으로 보는 문화는, 한반도에만 있는 것이 아닙니다. 전 세계 대부분의 전통 문화가 그렇습니다. 저만 해도 제 아버지나 할아버지 등을 위해 '가디시(추도의 기도문)'를 부르지 못하고 있는 것에 대해 은근슬쩍 상당한 미안함을 느낄 정도입니다. 유대교에 입교한 것도 아니고 히브리어를 아는 것도 아니고 유일신을 믿는 것도 아니라서 부르지 못하고 있습니다. 왠지 미안하게 느껴집니다. 제 아이들은 아마도 가디시가 뭔지도 모를 테고요. 유대인뿐만 아니라 러시아 사람들도 자신과 조상을 떼어서 인식하지 못합니다. 지금 푸틴 정권의 중심적인 국가 의례는 5월 9일 승전의 날인데, 그날 대독 전쟁('조국 대전쟁')에 참전했던 자기 집안 조상들의 사진을 들고 '불멸의 연대'라 불리는 가두 행진을 합니다. 대단히 자연스럽게 말이지요. 국가가 이런 식으로 개개인의 '조상에 대한 추도'를 국가 의례화하고 국가주의 분위기를 고양시키는 것이죠.

한반도만의 특징은 절대 아니지만, 한반도에서는 적어도 기성세대만은 '나'와 '조상'과의 '연결'이 대단히 강합니다. 이것이 대다수에게는 당연시되고요. 문제는 조상까지도 '나'의 범위에 포함시키는 '개인' 설정의 방식이 너무나 쉽게 악용될 수 있다는 것입니다.

무엇보다 이런 사고는 1990년대까지 남북 양쪽에 의해 너무나 쉽게 연좌제의 정신적 기반으로 이용되어왔습니다. 앞의 사례에서 보았듯이, 러시아는 이런 사고를 너무나 쉽게 '인민대단결'의 정신적 근거로 이용합니다. '나'의 조상이 스탈린의 군인으로서 참전했다면 '나'도 러시아 현 정권의 '충신'이 돼야 한다는 논리죠. 참고로, 유대교의 가디시는 본래 남자들만이 부를 수 있습니다(요즘 다행히도 이 부분은 좀 바뀐 것 같습니다). 그리고 '나와 조상은 한몸'이라는 사고가 아니었다면 박근혜 씨처럼 개인의 업적이 별로 없던 사람이 과연 대통령이 되었을까요? 한국과 북한의 끈질긴 '세습' 관습의 한 가지 근원은 바로 이와 같은 사고입니다. 그러니 조상을 추도할 때에는 '개인'의 범위를 '개인'으로 좁히는 것이 훨씬 바람직해 보입니다. 조상을 존중하고 그들의 아픔을 공유하는 것은 좋지만, '나'와 그들이 '한몸'이 되는 것은 위험해도 너무 위험합니다.

두려움의 내면

"나는 두려워한다. 고로 나는 산다." 공포, 겁, 두려움 등은 인류만큼 오래된 것입니다. 인간은 여타의 동물에 비해 '미래'에 대한 의식이 비교적 뚜렷한 편입니다. 자신이 언젠가 반드시 죽을 것임을 인식할 수 있는 몇 안 되는 동물 중의 하나가 바로 인간이죠. 인간에게 생존 본능이 내재돼 있는 만큼 미래에 대한 '의식'은 곧바로 미래에 대한 '두려움'으로 연결됩니다. 일단 죽음에 대한 무의식적 공포, 질병에 대한 공포, 사랑하는 사람과의 이별이나 사별에 대한 공포 등은 강약의 차이는 있어도 대다수 인간에게 보편적으로 나타납니다. 그러나 죽음과 질병 그리고 이별(사별) 같은 '기본적인 불안증' 이외의 공포, 불안, 걱정은 각지역이나 집단의 '상황'에 따라 왔다 갔다 하지요. 그래서 특정 사회를 이해하자면 해당 사회의 불안이나 공포를 읽어보는 것이 좋은 방법입니다.

스스로에게 '과거 내게 가장 큰 공포의 대상은 무엇이었나'라고 물어보면 아마도 이런 대답을 할 수 있을 듯합니다. 저는 1997년 초반까지 러시아에 살았습니다. 거기에서 소련의 망국 이후 가장 큰 불안 요소는 자신과 일가친척 등의 안전이었습니다. 1990년대 러시아의 살인률은 10만 명당 30~40명 정도로 거의 중남미 수준이었거든요. 밤에 창밖으로 종종 총소리가 들렸고, 제 일가친척 중에 강도 조직에 잡혀가 행방불명된 사람이 있었습니다. 한국인들에게는 아마도 1950년대 이후로는 이런 공포가 그다지 크지 않았겠죠? 지금도 서울의 경우 유괴범 등에 대한 경각심은, 예컨대 오슬로보다 훨씬 높지만 말이지요. 두 번째 공포는, 혹시 군에 끌려가 얼차려 같은 각종 잔혹 행위를 당하고 이런저런 수모를 당하지 않을까 하는 공포입니다. 아마도 이와 같은 공포증은 2000년대 이전의 대다수 한국 남성도 그다지 다르지 않았을 것입니다. 오늘날 한국 군대는 신체적 폭력보다 '수모', 즉 정신적 폭력 차원에서 더욱 위험합니다. 위계 질서에 따르는 정신적 폭력(폭언, 면박, 불친절한 명령투 등등)이 만연한 사회라서 군대 역시 상당수의 기업과 크게 다르지는 않을 것입니다. 즉 '조직 생활'이 주는 각종 스트레스가 전체적으로 불안과 공포의 요소가 될 수 있습니다.

그런데 여론 조사 결과를 보면 '조직 생활에 따르는 스트레스'가 가장 큰 불안 요소이자 공포 요소로 나타나는 것은 아닙니다. 온갖 권력 중독증 환자, 양아치 같은 상사나 선배 등에게 복종하고 때로는 굽실거려야 하는 것은 그저 미세먼지처럼 일상의 '불가피한 일부'가 되었으니까요. 짜증은 나지만, '공포감'까지 일어나지는 않습니다. 정말 두려워하는 부분은? 나쁜 직장이지만(직장 만족도는 한국이 세계 최저 수준입니다) 그마저도 잃는 것은 한국인의 가장 보편적인 두려움입니다. 70퍼센트의 직장인이 실직의 공포를 느낀다고 합니다. 반면 직장에서의 '갈등 관계'(즉 갑질 상사나 진상 고객 등)를 불안 요소로 꼽는 사람은 6퍼센트 정도입니다. 이외에는 직장이 있어도 너무나 힘겨운 노후 준비 같은 것이 직장인들을 가장 불안하게 하는 부분이죠.

불안과 공포 관련 조사를 실시한 결과, 미국인이 한국인에 비해 훨씬 강하게 언론에 세뇌당하는 것으로 나타났습니다. 한국인 중에 '북한의 남침'을 두려워하는 사람은 별로 없습니다. 그런데 테러를 두려워하는 미국인의 비율은 2017년에 38퍼센트로, 파산을 두려워하는 미국인의 비율인 37퍼센트보다 약간 높았습니다. 통계적으로 테러를 당할 확률은 비행기 사고로 죽을 확률보다 훨씬 낮은데 말이죠. 그런데 언론이 매일같이 '테러'를 거론하다 보면 이게 큰 위협이라고 착각하기 쉽습니다. 참, 60퍼센트의 미국인은 공직자의 부패를 두려워한다고 합니다. 부패 지수는 한국이 높을 수도 있는데 그런 결과가 나온 것을 보면, 직장에서의 '갈등'과 마찬가지로 각종 '떡검사'도 그저 나쁜 공기처럼 일상의 문제가 된 듯합니다. 두려움, 공포, 불안의 대상이 되기보다는 그냥 짜증을 일으키는 것이죠.

신자유주의적 세계의 약자들은 '시장'을 가장 두려워합니다. 실직을 두려워하고, 모기지론을 갚지 못해 집을 빼앗길 것을 두려워하고, 파산을 두려워하고, 노후에 용돈 수준의 연금으로 살아갈 것을 두려워하고⋯⋯. 그러면 강자들은 무엇을 두려워할까요? 약자들의 두려움은 서울에 가든 뉴욕에 가든 모스크바에 가든 약간의 차이는 있어도(서울에서는 '테러'를 그다지 두려워하지 않습니다) 대개는 엇비슷합니다.

하지만 강자 집단은 다릅니다. 미국 스트래트포(Stratfor, '민간 CIA'라는 별칭을 가진 안보·전략 컨설턴트 회사)의 보고서를 보면, 미국 지배층을 대변하는 두뇌들은 그렇게까지 크게 두려워하는 것이 없습니다. 중-러와의 전략 경쟁이 조금 신경 쓰이는 부분이긴 하지만, 설령 (당장은 그럴 가능성이 높지 않지만) 세계 패권, 그러니까 서구와 한-일에 대한 군사적 통제권을 빼앗긴다고 해도 미국 자본주의는 망하지 않습니다. 미국의 무역 의존도는 20퍼센트 안팎이거든요. 수출로 따지면 미국의 수출 의존도는 8퍼센트 정도지요. 즉 세계 패권과 함께 일부 해외 시장에서의 우월적 위치, 예컨대 한국에 무기를 강매할 수 있는 위치 등을 잃어도 미국 자본주의는 충분히 계속 돌아갈 수 있습니다. 그리고 저들의 지정학적 틈새인 북미에서는 미국에 대적할 만한 나라가 없지요.

미국의 지배자들은 일단 자신만만합니다. 세계 패권을 상실해도 저들의 핵심적 이해관계는 건재할 테니까요. 그런데 한국의 지배자들은 거기에 비해서는 불안의 정도가 좀 크지요. 물론 '북한의 위협' 따위에 불안해하는 것은 아닙니다. 수출 의존도가 37.5퍼센트인 나라에서 제일 큰 불안 요인은 해외 시장의 상황, 그리고 해외 시장에의 접근입니다. 독일의 경우 수출의존도는 한국보다 높은 39퍼센트입니다. 하지만 독일에는 독일 경제의 종속적 주변부가 되어버린 유럽연합 같은 '지역 소속'이 있습니다. 한국의 주된 시장은 중화권이고 거기에의 접근은 정치적 문제입니다. 게다가 일본은 언제 적으로 돌변할지 모르고 동남아시아는 한국 기업의 투자를 안전하게 보장해주지 않을 수도 있습니다. 미국이 보호세 갈취범처럼 방위비를 높인다 해도 한국의 지배층은 '그래도' 미국에 매달리는 자세를 취합니다. 그들의 내면에 있는 '심층의 불안' 때문이지요. 미국이나 독일의 지배자들에 비하면 한국 지배자들의 지정학적 불안 지수가 훨씬 높습니다.

만약 남북 관계가 정말 획기적으로 개선됐다면 지정학적 불안이 약간이라도 해결되었을 것입니다. 남북한이 힘을 합치면 협상력도 배가되니까요. 그런데 미국의 눈치만 계속 봐온 한국 정부의 태도 등으로 이제는 남북 관계를 개선할 기회도 점차 희미해지는 것 같습니다. 마음이 아픕니다.

국가, 사람을 죽인다

얼마 전이던가요. 트럼프가 '이슬람국가(IS)'의 지도자 알바그다디(Abu Bakr al-Baghdadi, 1971~2019)가 '작전 중에 자폭'했다고 웃으며 발표했습니다. 이 모습을 보면서 저는 오바마 전(前) 미국 대통령이 빈 라덴(Osama bin Laden, 1957~2011)의 사망을 발표했을 때처럼 충격과 함께 이루 말할 수 없는 마음의 불편함 같은 것을 느꼈습니다. 일단 경위가 어떻고 그들이 어떤 사람이든 간에 우리와 '동류'인 인간의 죽음에 대해 경사처럼 이야기할 때마다 느껴지는 그 경망함과 폭력성이 너무나도 불편했습니다. 상대가 누구든 간에 그를 죽여놓고 자화자찬하는 모습은 보기에 너무나 좋지 않았습니다.

그리고 살인을 자랑 삼아 이야기하는 태도도 그렇지만, 이런 '정적 제거'의 법적인 명분이 무엇인지도 저로서는 분명하지 않았습니다. 대개는 전시에 교전국의 제복을 입고 저항을 포기하지 않는, 부상당하지 않은 군인에 한해서는 교전 중의 사살이 '합법'으로 인정됩니다. 그런데 이슬람국가나 알카에다를 국가 내지 교전단체로 인정하지도 않은 미국이 도대체 어떤 법적인 근거로 그 지도자를 죽인 것일까요? 그 지도자가 민간인이고 미국이 그에게 테러리즘 등의 혐의를 적용하고자 했다면, 체포한 뒤에 현지 당국에 넘겨서 재판을 받게 하는 것이 법리입니다. 알바그다디나 빈라덴이 어떤 인간이든 간에 그들도 원칙상 법 절차와 변호 등 만인이 누려야 하는 법적 권리를 누려야 합니다.

대테러전이 법치국가의 이상을 포기할 명분이 된다면, 그 순간에는 대테러전을 선포한 미국이야말로 전 지구적 규모의 대형 테러 단체가 됩니다. 글쎄, 모르긴 해도 타국 영토에서 타국 국적이나 무국적의 민간인을 지목하여 어떤 법적 절차도 없이 현장에서 살인하는 것은 교전 행위가 아니라 테러 행위라고 볼 여지가 아주 큽니다. 그런데 문제는, 국가가 타국 영토에서 자행한 무법 살인이 이제 주요 국가 사이에서 점차 '유행'이 되어간다는 점입니다. 물론 미국은 '초강대국'인 만큼 이 업종(?)에서는 타의 추종을 불허합니다. 2006년 이후 미국이 파키스탄 영토에서만 무인기를 통해 죽인 '테러 혐의자와 부속 희생자'가 2,500명 이상이고 그중 적어도 160명은 아동이었습니다. 특히 미국의 장교들이 봐도 '테러리스트'로 보이지 않는 갓난아이와 젖먹이들도 수십 명이 포함돼 있었고요.

그런데 미국이 살인업 대국이라고 해도 그 업종 역시 경쟁이 치열하긴 합니다. 이스라엘 같으면 팔레스타인이 저항하던 (인티파다Intifada) 시절인 2002~2008년 387명의 팔레스타인 민간인을 죽였습니다. 그중 234명은 지목받은 '표적'들이었고 나머지는 '부속 희생자', 즉 이스라엘 군이나 안보기관이 봐도 아무런 죄가 없는 아랍인들이었습니다. 그중 상당수는 아이들이었고요. 러시아는 전 세계에서 체첸 무장 독립 운동의 관련자들을 사냥하고 있습니다. 최근, 예컨대 2019년 8월 말에 독일 베를린 모아비트 지구의 공원에서 체첸 투쟁에 가담했던 젤림칸 칸고쉬빌리(Zelimkhan Khangoshvili, 1979~2019)가 러시아 안보기관의 암살자로 추정되는 한 러시아 남성에게 사살됐습니다. 그것도 백주대낮에요. 이런 일은 거의 매년 일어나고 보통 언론의 이목도 끌지 못합니다. 미국, 이스라엘, 러시아와 같은 커다란 '살인 공장'에 비하면 수십 년 만에 한 번 김정남 암살 같은 일을 벌인 북한은 거의 '수공업' 수준이죠.

국가에 의한 국제 살인은 이미 거의 일상화, '정상화'된 셈입니다. 사우디아라비아는 2017년에 왕실 비판자인 카쇼기(Adnan Khashoggi, 1935~2017)를 이스탄불에서 토막 살인했음에도 무역 내지 투자 차원에서 어떤 불이익도 받지 않았습니다. 러시아는 지속적으로 이스탄불에서 체첸 투쟁에 가담했던 사람들을 살해해왔지만(마지막으로는 2015년에 유명한 게릴라 지도자인 압둘와키드 에

델기례예프(Abdulwahid Edelgiriev, 1982~2015)를 백주대낮에 그곳 거리에서 사살했죠) 터키와의 외교 관계에서 문제된 일도 없었죠. 특히 이슬람 계통의 운동자들을 대상으로 하는 미국, 이스라엘, 러시아의 '공장식 살인업'은 이슬람 계통의 소수자들에 대한 다른 국가들의 야만적인 행각도 보다 쉬워지게 합니다.

미국, 이스라엘, 러시아가 1년에 수십 명에서 수백 명의 목숨을 어떤 절차도 없이 빼앗는 것을 보면, 중국이 신장웨이우얼에서 100만 명 이상의 위구르족을 대상으로 벌이는 '집중기술교육배훈중심 훈련'(법적 절차 없이 수용소에 입소시키고 강압적으로 '교화 재교육'을 실시하는 것)은 거의 '온건'해 보일 지경입니다. 지금 중국이 취하는 조치에 대해서는 이슬람 세계에서마저도 거의 비판을 하지 않습니다. 파키스탄 같은 나라에서는 이미 경제적으로 미국보다 중국의 비중이 훨씬 크니까요. 암살전에 이어 수백만 명 단위의 강제수용소 수용도 '정상화'되면 우리 세계는 도대체 어디로 향할까요? 아우슈비츠가 어떻게 가능해졌는지, 오늘날에 이루어지는 야만의 '정상화' 과정을 보면 쉽게 이해할 수 있습니다.

지난 2년간 전 세계에서는 반란의 물결이 거세게 일어났습니다. 유럽의 프랑스('노란 조끼'), 중동의 레바논, 극동의 홍콩, 남미의 칠레와 콜롬비아 그리고 볼리비아에서는 '광장'이 폭발하고 있었습니다. 대대적인 공황을 앞둔 위기의 세계인 만큼 당연한 일이지요. 그런데 만약 국가 폭력이나 국가적 암살 또는 무법을 수용하는 것이 계속 '정상화'되다 보면 앞으로는 여러 국가들이 길거리의 시위자들에게도 얼마든지 '반테러' 전술을 적용할 수 있게 될 것입니다. 그러니까 과두 재벌과 관벌의 무법 독재에 반대자들이 무더기로 희생되고 노골적인 폭력에 지배당하는 잭 런던(Jack London, 1876~1916)의 《강철 군화(The Iron Heel)》(1908)와 같은 세계가 현실이 되지 않기 위해서는 우리가 국가적 살인, 무법 체포, 수용에 지금부터 비판적인 자세로 임해야 합니다. 국가적 야만을 미리 막지 못하면 나중에는 늦을 것입니다. 그때는 후회해도 소용없습니다.

악몽에서 깨어나려면

일본의 경제 보복이 '대법원 판결 때문'이라고 본다면 이는 큰 오판입니다. 판결로 이어진 강제징용 문제가 하나의 '뇌관'이 됐지만, A국 사법부의 판결 때문에 B국 행정부가 사실상의 경제 제재 조치를 취한다는 것은 극히 비상식적이고 이례적인 일입니다. 일본이 그토록 자국의 장점으로 내세우려는 자유민주주의에서는 사법부가 독립적이어야 합니다. 사법부의 판결에 대해 해당 국가 전체를 겨냥하는 '제재'로 맞대응하는 것은 자유민주주의를 간판으로 내건 세계에 걸맞은 국제 관례가 아닙니다. 판결이 '도화선'이 됐지만, 보복·제재 조치들이 오래전부터 검토·준비되어온 것으로 알려져 있습니다. 이건 판결과 관련된 일회성 문제라기보다는, 전후 장기적인 한일 관계의 흐름상 어떤 본질적인 '전환점'이라는 느낌이 강하게 듭니다.

사실 이 보복 조치는 우리가 여태까지 상식적으로 생각해온 '일본'에 대한 기존 관념을 깨뜨립니다. 본래 전후의 일본은 기본적으로 '경제 국가'를 자임해왔습니다. 미국이 미-중 수교로 가면 일본도 같이 중-일 수교로 가고, 1990년에 북-일 수교를 준비하다가 미국의 불허로 불발에 그치고, 이라크 파병을 미국이 명하면 파병을 해주는 등 미국의 성실한 '꼬붕'으로 살면서 경제적 실익을 키워온 것이 지금껏 우리가 알았던 일본입니다. 그런데 이번 보복 조치는 한국 기업뿐만 아니라 일본 기업에도 불리합니다. 그래서 〈닛케이신문〉 등 업계의 이해를 대변하는 일본 언론들마저도 이 제재에 비판적이었습니다. 궁극적으로 전자제품의 가격 상승으로 중국과 미국 소비자들까지 불이익을 당할 것도 불 보듯 뻔합니다. 구미권 기업들도 우려를 표했습니다. 그런데도 아베는 모든 반대를 무릅쓰고 한국 때리기에 올인했습니다. '실익'을 물리치고 '싸움'에서 얻어지는 민족주의적 '열광', 사실상 일종의 광풍을 노린 것이죠. 지금까지 봤던 전후 일본과는 좀 다르죠?

경제적 실익보다 큰 것은? 일본의 미래에 대한 어떤 '큰 그림' 같은 것입니다. 아베와 같은 부류의 정객들이 그토록 좋아하는 100년 전의 일본에, 대륙이 '먹잇감'이었다면 이제 대륙은 모두 '경쟁자'들입니다. 북한은 (핵 등으로) 일본을 위협할 수도 있는 군사력이 있고, 한국은 이미 기술력으로 일본을 따라잡아 추월하려 하고, 중국은 군사력, 기술력, 경제력 등 모든 차원에서 이미 일본을 넘었거나 곧 넘을 참입니다. 아베가 보기에, 동북아의 외교와 국제관계는 '열강의 각축장'이고 '제로섬 게임'입니다. 즉 이 게임에서는 상대방의 이익은 나의 손해가 되는 거죠. 그래서 제 살을 깎는 한이 있더라도 한국 전자 산업에 불이익을 주려고 하는 것이죠. 결국 그런 일본은 북한을 무역 봉쇄하고 한국을 무역 제재하면서 대중국 관계를 조심스럽게 관리하다가 결국에 올지도 모를 중국과의 결정적인 대립에 대비하려는 것입니다. 그 과정에서 아마도 다시 군수산업을 크게 키울 속셈인 듯합니다. 어차피 세계 시장의 이윤이 줄어드는 추세에서 관수라는 확실한 시장을 갖고 있는 무기만큼 효자 상품도 없으니까요. 물론 동시에 한국, 북한, 중국도 군비를 계속 올릴 것이고요. 아베류의 정객이 그리는 큰 그림은 이처럼 서로를 경제적으로 찔러가면서 무기 생산을 늘리고 군사력을 키워서《삼국지연의》와 같은 치열한 대결을 이어나가는 동북아입니다. 동북아판 열강각축이죠. 1914년 직전의 유럽과 좀 비슷하죠?

이 큰 그림에서 보이지 않는 것은? 맞습니다. 미국입니다. 이번 조치는 미국과 조율한 것 같지 않기에, 한국도 미국에 도움을 호소해봐야 소용없을 것입니다. 트럼프의 미국은 과거처럼 동아시아의 군사 보호국들(한국, 일본 등)을 치밀히 관리하려 하지 않습니다. 더 이상 과거와 같은 세계 제국을 유지할 여력이 없는 미국은 이제 일부 '우선순위가 높은 과제'에 집중하고, 나머지

부분들을 '대충대충' 현상 유지 위주로 관리합니다. 예컨대 이란 (이라는 이스라엘, 사우디 등의 적대국)에 대한 경제적 초토화, 중국에 대한 견제와 제재 등은 우선 과제지만, 한반도 자체는 우선순위에서 빠집니다. 한반도에서 트럼프가 원하는 것은 대북 관계를 나름 궤도에 올려놓고 주한 미군을 빼거나 축소시켜서 돈을 절약하는 것뿐입니다. 일본의 경우 일본의 군사 대국화를 미국이 대체로 허용해주면서 주일 미군의 비용 등을 절약하려는 속셈이 있는 것 같고요. 한마디로 미국이 천천히 빠져나가는 상황에서 아베나 시진핑 같은 (준)권위주의적인 세습 정객이나 통치자들이 군사주의적 노선으로 나아가면서 언젠가 있을지도 모를 '결전'을 준비하기 시작한 셈입니다.

이런 '큰 그림' 차원에서 아베의 행동은 국내에서의 민족주의 광풍 조장, 그런 광풍에 기반한 군사 대국화 노선의 지속적 추진, 앞으로는 어려움이 많을 한국 전자 사업에 '타격 주기' 등을 목적으로 합니다. '판결'이 아닌 장기 전략의 문제입니다. 결국 이 시점에 한-일 양국의 진보 사회는 우리가 과연 이런 동아시아를 원하느냐고 문제를 강하게 제기해야 합니다. 우리가 원하는 동아시아가 군웅할거, 패권 싸움의 도가니인가요? 한-중-일 군수 기업의 무한 발전을, 우리가 정말 필요로 하고 원하고 있나요? 그런 것이 우리의 꿈이 아니라면, 국경을 넘어 연대 투쟁을 해야 합니다. 국경을 넘는 연대와 투쟁만이 '열강 각축'의 악몽을 막을 수 있습니다.

누구에게는 전쟁이지만 누구에게는 어머니다

서강대에서 열린 제9차 맑스코뮤날레에 참가했습니다. 발표자 중의 한 분은 일본에서 마르크스의 환경론을 전공한 선생님이 었습니다. 마르크스주의적 입장에서 현재의 기후 참사를 분석한 그는 아주 재미있는 지적을 남겼습니다.

"기후 위기는, 사실 부유한 나라들의 자본가들에게는 기회 이기도 합니다. 바다의 수면이 오른다 해도, 살인적 폭염이 잦아 진다 해도 그들과 그 가족들이야 어차피 거기에 노출될 리가 없 습니다. 그런데 환경 위기는 대체 에너지 등에 대한 수요를 늘 리게 돼 있습니다. 대자본이 진출하여 상당한 이윤을 볼 수 있 는 부문입니다. 더불어 환경 참극은 수백, 수천만 명의 기후 난 민들을 발생시킬 것입니다. 이것도 구미권 등의 대자본 입장에 서는 횡재입니다. 자국에서 비싼 인구 재생산 비용(아동 수당, 유 치원과 학교 관련 사회적 비용 등)을 들이지 않고 이미 타지에서 성인이 다 된 노동자 내지 기술자를 공짜로 데려다가 싼값에 부릴 수 있기 때문입니다. 한마디로, 기후 참극은 글로벌 자본주의의 주요 특징인 엄청난 지역적 불평등을 심화시키고 있을 뿐입니다. 물론 그러다가 지구 전체가 언젠가 인간이 살 수 없는 황무지가 되겠지만, 대자본의 계획은 이렇게 멀리 미치지 않습니다. 게다가 그들은 지구가 황무지가 된다 해도 그들 자신들만큼은 인위적인 환경 속에서 어떻게든 살아남을 수 있을 거라고 확신하는 듯합니다."

참, 현명한 판단인 듯합니다. 자본주의의 속성에 대해 아주 적절히 지적하신 듯도 하고요.

러시아 속담에 "Кому война, кому мать родна"라는 것이 있습니다. 누구에게는 전쟁이지만 또 누구에게는 어머니 같다는 말입니다. 즉 전쟁은 누구에게는 그야말로 참사일 뿐이지만, 누구에게는 자비로운 어머니처럼 필요하고 바람직한 현상이라는 이야기죠. 대부분의 정상적인 인간들은 살상을 끔찍하다고만 생각하지만, 자본주의적 성장은 늘 전장에서의 살상을 포함한 각종 참극을 기반으로 합니다. 굳이 공업화 초창기, 즉 영국의 산업혁명을 촉진시키고 초기 산업자본인 방직업자들에게 군복 제조 등 '특수'의 기회를 제공한 나폴레옹 전쟁기로까지 올라갈 필요는 없습니다. 미국(과 일본, 중립국인 스웨덴과 노르웨이 등)을 엄청나게 살찌우고 전 세계적 채권 국가로 만든 제1차 세계대전으로도 갈 필요가 없고, 미국 대자본의 세계적 패권을 가능하게 했던 제 2차 세계대전으로도 갈 필요가 없습니다. 일단 세계 자본주의의 황금기, 즉 오늘날의 세계를 낳은 1945~1973년이라는 시기를 볼까요? 트럼프부터 스웨덴의 극우들까지 "1950년대의 황금 시절로 돌아가자"고 아우성이고, 또 다른 쪽에서는 제러미 코빈 같은 진정한 사민주의자들도 1950~1970년대의 복지국가를 지향점으로 삼고 있으니까요. 그 시기를 한번 상상 속에서 가볼까요?

네, 트럼프의 말대로 1950~1951년의 미국 경제는 환상적이었습니다. 연간 성장률은 8퍼센트였습니다. 현재의 중국이 아닌, 약 10년 전, 한창 잘나갔을 때의 중국 수준이었죠. 그런데 8퍼센트를 달성한 비결은? 짐작하신 대로, 북한을 황폐화시키고 25만 명 이상이나 되는 북한 사람들의 생명을 앗아간 폭탄, 고엽제 등의 생산은 1950년대 초기 경제 붐의 중요한 요인 중 하나였습니다. 미국과 일본 자본에 '신의 도움'이었던 한국전쟁이 끝나자 1954년 미국의 경제성장률은 -0.6퍼센트를 기록했습니다. 더 이상 사람을 죽일 수 없다는 것이 미국 자본주의에는 엄청난 '문제'였습니다. 그런데 열전은 끝나도 냉전은 계속되었습니다. 사실 냉전이라는 현실적 배경이 없었더라면 당시의 기술적 발전은 불가능했을 것이고 더불어 복지국가의 운영을 가능하게 해줄 만큼의 세수를 올리는 것도 불가능했을 것입니다. 군수기업들과 직결된 최첨단 기술에 대한 국가적 투자, 최첨단 기술 발전에 의한 세입 증가는 바로 황금기/복지국가 시대의 기본적인 경제 메커니즘이었습니다. 최초의 폐쇄회로(칩, 1958), 최초의 레이저(1960), 최초의 컴퓨터 네트워크(ARPANET, 인터넷의 원형, 1969), 최초의 전자우편(1971)까지, 황금기의 가장 중요한 발명품은 거의 모두 군사적 목적하에 국가의 지원금을 받은 연구자들이 개발한 것입니다. 일반인들이야 핵전쟁 불안에 전전긍긍하고 폭탄이 터지면 대피소로 달려가는 훈련을 거듭했지만, 군-산-학 복합체에게 냉전은 그야말로 '축복 중의 축복'이었습니다.

그리고 이제 우리도 솔직해집시다. 한국 대자본의 세계적 '굴기'도 냉전적 상황에서 베트남전에 따른 '베트남 특수' 덕분이 아닙니까? 미국이 이승만이나 박정희가 특별히 예뻐서 1945년부터 1971년까지 대한민국에 130억 달러를 퍼부은 것은 아니지 않습니까? 저들에게 한국은 대북, 대소, 대중 관계에서 '전략적 자산'이었기에 재벌들에게 특혜 대출로 들어갈 차관들을 국가 레벨에서 주고, 또 한국 재벌이 서방 시장에 쉽게 접근하게 해준 것이죠. 박정희의 국가 주도적인 중상주의적 정책들도 내부 시장에 대한 외국 자본의 접근을 통제하고 관세 장벽을 쌓는 등 미국 대자본에게는 좋아 보일 리가 없었지만, 냉전이라는 상황 탓에 미국은 국가주의적인 한국 개발주의를 허용해야만 했습니다. 사실 자본 대국 대한민국도 냉전의 산물이죠.

지금까지 한 손으로 기후 협약을 파괴하고 다른 손으로는 중국과의 본격적, 장기적 갈등을 만들면서 대중국 군사 경쟁을 제도화해온 트럼프가 미치광이로 보이죠? 하지만 전혀 그렇지 않습니다. 정확하게 계산된 행동들입니다. 기후 참극은 미국 자본에 '문제'라기보다 차라리 '기회'로 보이고, 신냉전은 성장 동력으로 보입니다. 이는 어떤 '단절'이라기보다는 자본주의의 역사에서 합법칙적인 '지속'에 가깝습니다. 단, 우리 지구인들의 입장에서 보면 과연 인간과 지구를 파괴하면서 작동되는 이런 시스템이 우리에게 맞는 것인지 우리 스스로에게 질문을 던져봐야겠지만요.

아주 커다란 퇴보

긱 이코노미, 월컴 투 헬(Gig Economy-Welcome to Hell)!

애당초 '직장'이라는 것은 없었습니다. 영국이나 프랑스 등 유럽 국가의 경우, 우리가 익히 아는 장기·무기 계약을 기반으로 하는 안정적 '직장'이 반숙련·미숙련 노동자들에게 주어지기 시작한 것은 19세기 말에서 20세기 초입니다. 그전에는 고숙련 기술자야 '직장'이 있었지만, 반숙련·미숙련 노동자는 짧게는 하루, 길게는 일주일에 한 번씩 보수를 받았습니다. 해고 따위도 필요 없었죠. 다음 주부터 오지 말라고 하면 그게 끝이었습니다. 그리고 일당이나 주당으로 받는 돈으로 음식, 약간의 담배와 술, 허름한 셋방 정도를 해결할 수 있었다면 잘사는 '성공한 노동자'였던 셈이죠.

물론 그래 봐야 쥐꼬리 이상의 월급은 나오지 않았습니다. 1860년대 산업 세계의 수도인 런던에서 하인은 연간 약 15~20

파운드 정도를 벌고 육체노동자는 일주일에 6일, 하루에 10시간 씩 일하고서 많으면 30~40파운드를 벌었습니다. 정식 계약까지 되어 있는 기술자는 약 70~80파운드를 받고, 대위급의 군 장교 는 연봉 300파운드 정도를 받았습니다. 노동자가 보기에, 이건 호화판 삶이었습니다. 물론 기업 투자까지 하는 귀족이 벌어들 일 수 있는 소득(10~15만 파운드 이상)에 비하면 새 발의 피였지만 요. '격차 문제'요? 그건 '문제'가 아니고 그냥 초기 자본주의 사 회의 일상이었습니다. 유럽뿐만이 아니라 예컨대 일제강점기의 조선도 마찬가지였죠. 1931년 경성의 방직공장 여공은 1년에 많 아야 약 200원 정도를 받다가 일이 줄어들면 쫓겨났지만, 총독 부 체신국의 1급 주임관은 4,050원이나 받았습니다. 여공과 고 급 관료는 서로 다른 세계를 살았던 거죠.

그러고 나서는 수정자본주의 시대가 도래했습니다. 노동계 급의 투쟁과 소련을 본뜬 혁명의 '위협'도 있는 데다가 노동자의 구매력이 제품을 팔아야 하는 자본가들에게 필요하기도 해서 점 차 노동자들의 '중산계급화'가 진행됐습니다. 임금도 오르고 고 용 관계도 정식 채용으로 변했습니다. 일제강점기라면 총독부의 칙·주·판임관이 아니면 꿈꾸기도 어려웠던 연례 휴가나 연금제 도도 주어졌고요. 그렇게 해서 계급 모순이 아주 사라지고 하나 의 커다란 '대중적 소비사회', '풍족 사회'가 생길 거라는 예측이 1950~1960년대의 많은 학자들 사이에 떠돌았습니다. 1968년의 반란자들은 바로 이 영혼이 없는 '소비사회'를 상대로 투쟁했습니다. 그러다가…….

신자유주의화된 후기 자본주의 사회에서 최근 약 10년 동안 듣지도 보지도 못했던 새로운 노동자 계층이 생깁니다. 바로 긱 노동자, 즉 형식상 노동자가 아닌 자영업자로의 변신을 강요당하고 노동자성 자체를 부정당하고 이제는 매일 출근할 '직장'이 없어진 노동자 말이죠. 구미권의 긱 노동자에 해당하는 한국적 용어는 '일당 잡부'나 '프리랜서', 아니면 두 개념의 '사이'일 것입니다. 한국의 경우 육체노동을 담당하는 '일당 노동자'와 고숙련 '프리랜서'는 보통 직업의 서열에서는 서로 상당히 다른 입장에 처합니다. 구미권의 긱 노동자는 그 사이에 있습니다.

우버(Uber)의 운전기사, 딜리버루(Deliveroo)의 배달부, 태스크래빗(Taskrabbit)의 각종 도우미……. 공사장의 일당 노동자나 프리랜서 동시통역사와 달리 긱 노동자들은 인간의 모습을 한 뚜렷한 '사용자' 자체가 없습니다. 인터넷 플랫폼이 운전기사, 배달부, 쇼핑 도우미, 목수 등을 고객과 '맞추어주고' 수입의 20~30퍼센트를 떼어갈 뿐, 그 외의 책임은 지지 않으려고 합니다. 긱 노동자에게는 직장이 없기에 휴가도 연금 저축도 병가도 원천적으로 불가능합니다. 19세기 중반 런던의 일당 노동자는 그나마 하루 벌이였지만 긱 노동자의 벌이는 어떨 때는 건당, 어떨 때는 시간당입니다. 평생, 1년, 한 달은 그렇다 치고, 하루

조차 내다볼 수 없고 계획할 수 없는, 그런 노동과 삶의 형태죠.

　지금 영국만 해도 긱 노동자의 수가 100만 명을 넘었습니다. 노동자지만, 노동자로 불리지도 못하는 그들은 미국, 영국, 호주 경제에서 지금 가장 빠르게 성장하는 노동자 계층입니다. 보수 경제학자들이 '4차 산업혁명'과 그에 수반된 긱 이코노미를 극찬하지만, 사실 노동자의 입장에서 긱 이코노미는 그냥 19세기 중반으로의 '커다란 퇴보'에 불과합니다. 노동자는 긱 이코노미 속에서 또다시 중산층과 수입이 7~10배 이상 차이 나는, 안정성도 없고 시민사회에의 소속도 불가능한 완전한 타자가 되는 겁니다. 말 그대로 그때그때 필요에 따라 쓰고 버리는 '부품'이 되는 거죠.

　보수적 경제 평론가들은 긱 이코노미, 플랫폼 자본주의, 제4차 산업혁명을 찬양하지만, 제가 그들에게 하고 싶은 말은 '웰컴 투 헬!'입니다. 저들이 찬양하는 역사적 퇴보는 노동자에게 지옥을 가져다주지만, 현재도 미래도 모두 박탈당하고 가정 하나 꾸릴 여유도 없는 노동자들이 장기적으로는 가만히 있을 리가 없습니다. 마르크스와 엥겔스(Friedrich Engels, 1820~1895)가 170년 전에 이야기했던 '유령'은, 이제 머지않아 불타는 자동차와 호화 상점 그리고 공격당하는 각종 개선문들 사이에서 다시 유럽의 도회지들을 배회하게 될 것입니다!

강도들의 세계

'전운이 감돈다'라는 좀 진부한 표현이 있습니다. 최근 화웨이사 부회장이자 최고재무책임자인 멍완저우(孟晚舟) 씨가 캐나다에서 체포되었다는 이야기를 들었을 때 맨 먼저 제 머릿속에 떠오른 표현이 바로 이것이었습니다. 멍완저우는 누구인가요? 중국 공산당이 집중적으로 키우고 있는 화웨이사의 창업주 런정페이(任正非)의 딸입니다. 우리로 치면 삼성의 이부진이나 이서현 격이죠. 회사 내의 역할로 따지면 차라리 이재용에 가까울 것입니다. 지금 화웨이가 삼성을 점차 따라잡고 있는 것을 보면 이재용보다 좀 더 똑똑한 것으로 보이기도 합니다.

그런 그녀의 체포를 미국 당국이 요청했죠. 혐의는 이란에 대한 미국 단독 제재의 위반이랍니다. 유엔 제재도 아니고 미국 단독 제재 말이죠. 물론 화웨이가 이란에 팔았다는 설비에 미국산 부품이 있었다고 미국 당국이 항변할 수도 있지만, 어쨌든 어떤 국제법적 구속력도 없는 미국 단독의 제재를 위반했다고 해서 외국 기업인을 잡아들이는 것은 여태까지의 국제법 내지 외교 역사에서 찾아보기 어려운 일입니다. 이건 사실상 전쟁 행위에 가깝습니다. 일상적 현실에 가까운 비유를 쓰자면 강도짓이라고 봐야죠.

물론 미국의 국제적 강도짓을 이야기하자면 책을 몇 권이나 쓸 수 있을 것입니다. 베트남 침공 시절 북베트남, 캄보디아, 라오스 등에 대한 폭격처럼 엄청난 사건이 하도 많기 때문에 자국이 자의적으로 선포한 제재를 위반했다고 해서 자국과 관련이 없는 외국 사업가를 체포한 것은 그냥 사소한 문제에 불과합니다. 문제는, 평상시의 미국은 다른 열강들과 마찬가지로 국제적 갑질에 저항할 능력이 제한돼 있거나 아예 없는 약소국을 상대한다는 것입니다. 거의 20년 전에 유고 폭격이라는, 국제법에 아무 근거도 없는 불법적 폭거를 자행했을 때 과연 미군은 몇 명이나 죽었을까요? 사고사를 당한 몇 명이 다였습니다. 어차피 대응이 어려운 약자가 아니라면 어떤 열강도 쉽게 도발하지 않습니다. 열강들 사이의 무력 갈등의 비용은 엄청나기 때문입니다. 그런데 지금 미국은 같은 급의 열강인 중국을 상대로 일종의 '인질 작전'을 벌인 것이죠. 이건 결코 평소와 같은 '미국 스타일'이 아니고 모종의 비정상적 상황의 도래를 예고하는 신호입니다.

그런데 '인질 작전'만 문제일까요? 한때 미국의 외교는 '소련 견제' 코드로 돌아갔는데, 이제는 '화웨이 견제'가 코드가 된 듯합니다. 미국의 전방위적 압력으로 호주와 뉴질랜드, 그리고 일본 등이 주요 국가 프로젝트를 위한 전자 설비 구매에 화웨이를 제외시켰습니다. 화웨이라는 미국 하이테크 업체들의 경쟁사를 '시장'에서 기술이나 품질 등으로 압도·제어할 수 없는 미국은, 결국 '자유 시장'의 구호가 무색할 만큼 비시장적인 압력, 즉 군사력이 뒷받침하는 외교적 압력을 행사한 것입니다. 화웨이만이 아니라 하이테크에 대한 미국의 독점을 깨뜨릴 중국의 다른 업체들도 미국 외교력의 장벽에 부딪친 셈입니다. 그리고 오늘날 '멍완저우 인질 사태'가 보여주듯이, 이 압력 행사 과정에는 국제법이 무시될 것입니다. 중국이 거기에 질세라 역시 '인질 전략'을 그대로 씁니다. 첩보 행위 혐의로 중국에서 붙잡힌 전직 캐나다 외교관 마이클 코브릭(Michael Kovrig)은 일종의 '맞인질'인 셈이죠. 뭐, 강도를 상대하자면 강대강 전략이 맞을 수도 있지만, 핵무장한 열강들 사이에서 벌어지는 그런 강도 행위들을 보면 솔직히 소름이 끼칩니다.

우리가 사드 사태에서 봤듯이, 고래 싸움에 맨 먼저 터지는 것은 새우입니다. 터지지 않으려면 일단 양쪽의 상호 도발 행위에 휘말리지 않을 만큼 '주권 행사'에 대한 국내적 합의가 필요합니다. 이념, 성향, 정치적 지향 등과 무관하게 '중미 갈등에 휘말리지 말아야 한다'는 점에 다수가 인식을 같이한다면 이 갈등으로부터 거리를 가질 만큼의 주권 행사를 하기가 쉬울 것입니다. 이럴 때야말로 주권이 왜 필요한지 실감하게 됩니다. 그리고 되도록이면 빠른 시일 내에 북한과 친해졌으면 좋겠습니다. 남북이 필요시에 행동을 같이해야 한반도를 전쟁의 참화로부터 지키기가 더 쉬워질 테니까요.

미아로 산다는 것

© 박노자 2020

초판 1쇄 인쇄 2020년 11월 20일
초판 1쇄 발행 2020년 11월 27일

지은이   박노자
펴낸이   이상훈
편집인   김수영
본부장   정진항
인문사회팀 권순범 김경훈
마케팅   천용호 조재성 박신영 조은별 노유리
경영지원   정혜진 이송이

펴낸곳 한겨레출판(주) www.hanibook.co.kr
등록 2006년 1월 4일 제313-2006-00003호
주소 서울시 마포구 창전로 70(신수동) 화수목빌딩 5층
전화 02-6383-1602~3   팩스 02-6383-1610
대표메일 book@hanibook.co.kr

ISBN 979-11-6040-445-6 03300